**WARNING!**

# TÍPICOS ERRORES EN INGLÉS

**Autor:** Elena Araújo

**Coordinación del proyecto:** Adriana Moody y Rubén Palomero

**Edición:** Augusto Hernández y Siobhán O'Connor

**Diseño y maquetación:** ZAC diseño gráfico

© Vaughan Systems S. L. U.
Calle Orense 69
28020 Madrid
Tel: 91 748 59 50
Fax: 91 556 42 21

**www. grupovaughan. com**

**www.vaughantienda.com**

Déposito Legal: B-9999-2015
Propiedad de la presente edición:
© 2015 Vaughan Systems

# Índice

## error 03

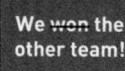

We won the other team!

¿Cómo? ¿Que habéis ganado EL otro equipo? Entonces, ¿lo vais a colocar en la vitrina, al lado de los demás trofeos? ¿O a lo mejor queríais decir que habéis ganado AL otro equipo? En inglés diríamos **'Hemos vencido al otro equipo'**:

We beat the other team!

Con el verbo *"to beat"* siempre hay que mencionar al vencido. De lo contrario, recurrimos al verbo *"to win"*. Compara: *"We beat them last night"*, **'Anoche les ganamos nosotros'**, con *"We won last night"*, **'Anoche ganamos nosotros'**.

¡Más ejemplos! Fíjate en que el presente y el pasado simple de este verbo se escriben y pronuncian igual: *"beat"* /bíit/.

| | |
|---|---|
| Siempre les ganamos uno a cero. | **We always beat them one-nil.** |
| Les ganamos uno a cero la semana pasada. | **We beat them one-nil last week.** |
| Esta semana les hemos ganado seis a cero. | **We've beaten them six-nil this week.** |
| Mi hermana nunca me gana al tenis. | **My sister never beats me at tennis.** |
| ¿Ha ganado España a Portugal al fútbol alguna vez? | **Has Spain ever beaten Portugal at soccer?** |
| ¡Vicky ha vuelto a ganar a su rival! | **Vicky has beaten her rival again!** |
| ¡Ellos no, por favor! Nos ganarán, seguro. | **Not them, please! They'll beat us for sure.** |
| Ganaron al otro equipo con menos jugadores. | **They beat the home team with fewer players.** |
| Le podrías ganar con los ojos vendados. | **You could beat him blindfolded.** |
| ¿Cómo pensáis ganarlos? | **How are you planning to beat them?** |

## INTRODUCCIÓN

Antes de empezar a leer el libro, ten en cuenta:

- Que puedes mirar los *Errores* en el orden que quieras o bien seguir el orden del libro, aunque te recomendamos seguir el orden del libro y no saltarte ningún repaso (los *GOT IT?* que hay cada cinco *Errores*).

- Que es mejor seguir estos tres pasos cada vez que te pongas con un *Error*:

  **1)** 'localízalo' (al lado del hombrecito con dolor de cabeza)

  **2)** 'desapréndelo' en ese mismo instante

  **3)** 'reapréndelo' (con el hombrecito que dice *"yesss"*), la lista de ejemplos de esa misma página y las actividades de la página siguiente

- Que puedes encontrar las respuestas a las actividades al final del libro.

- Que las transcripciones de pronunciación entre barras son orientativas.

- Y que puedes profundizar en la pronunciación del inglés con el libro de *"La Trilogía del Inglés"*.

# error 01

**I sleep ~~with~~ my pajamas**

Al decir **"I sleep with my pajamas"**, da la impresión de que duermes con tu pijama al lado, ¡haciéndote compañía!

**I sleep IN my pajamas**

Si lo que quieres decir es que duermes con el pijama puesto, entonces utiliza la preposición **"in"**.

¡Más ejemplos! Fíjate en que en inglés usamos la preposición *"in"* en todos estos casos, ¡así que vamos a deshacernos del *"with"* de una vez por todas!

| | |
|---|---|
| Al final voy a ir con la falda amarilla. | I'm going to go IN my yellow skirt in the end. |
| ¿Te casaste con ese vestido? | Did you get married IN that dress? |
| ¿Cómo puedes andar con esos zapatos? | How can you walk IN those shoes? |
| Zoe sabe conducir con tacones sin problema. | Zoe can drive IN high heels no problem. |
| ¿Alguna vez te has bañado con pantalones vaqueros? | Have you ever gone swimming IN jeans? |
| Mi vecina a veces baja a la tienda en zapatillas. | My neighbor sometimes goes down to the store IN her slippers. |
| ¿La mayoría de los hombres españoles duermen con pijama? | Is it true that most Spanish men sleep IN their pajamas? |
| ¿No se casó John con el traje de su abuelo? | Didn't John get married IN his granddad's suit? |
| No es recomendable caminar por la nieve con zapatillas de deporte. | It's not advisable to walk IN the snow in your sneakers. |

**1.** ¡A rellenar huecos!

> **IN**   **ON**   **WITH**   **TO**

**Jason:** I have a job interview _____ two days! You look great _____ that dress, by the way.

**Betsy:** Thank you! You look great _____ those pants! So what are you wearing _____ your interview?

**Jason:** I'll have to go _____ my blue suit.

**Betsy:** What?! You can't go _____ that old suit!

**Jason:** Yes, I can. I have to go _____ my lucky suit. And I'm taking Gizmo _____ me. He's my lucky charm.

**Betsy:** Let me get this straight: You're going to a job interview _____ Tuesday, _____ our cat, _____ your old suit. Well... Good luck!

**2.** Ahora escribe las siguientes frases **en negativo**.

| | |
|---|---|
| Both Craig and Shelley have breakfast in their bathrobes. | *Neither Craig nor Shelley have breakfast in their bathrobes.* |
| Both Mark and Tom have dinner in their work clothes. | |
| They all like to go out in their uniform. | |
| Everyone I know sleeps in their pajamas. | |
| All of the women in my family got married in a white dress. | |
| Both of us prefer to work in casual clothes. | |

**3. Quick quiz!** Who said...?

«One morning I shot an elephant in my pajamas. How he got in my pajamas, I'll never know.»

**Rachel Bilson**
**?**
**Groucho Marx**

«I just really love being in my pajamas.»

**Rachel Bilson**
**?**
**Groucho Marx**

Encontrarás las respuestas al final del libro.

# error 02

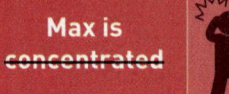

**Max is ~~concentrated~~**

A menos que Max sea un detergente, un néctar de frutas o alguna otra sustancia concentrada, para decir que '**Max está concentrado**' en lo que está haciendo, diríamos:

**Max is concentrating**

Evita afirmar sobre cualquier ser vivo que está *"concentrated"*, si no quieres que parezca que se ha instalado en un bote de leche condensada.

¡Más ejemplos! Olvídate de *"concentrated"* y utiliza ***"concentrating"*** en los ejemplos de la lista:

| | |
|---|---|
| No está sordo; está concentrado. | **He's not deaf; he's concentrating.** |
| Por favor, no les molestes; están concentrados. | **Please don't bother them; they're concentrating.** |
| No le pasa nada en la cara (a ella); sólo está concentrada. | **There's nothing wrong with her face; she's just concentrating.** |
| ¿Podemos hablar luego? Estoy concentrada en esto. | **Can we talk later? I'm concentrating on this.** |
| ¿Estás concentrado o estás dormido? | **Are you concentrating or are you asleep?** |
| No te miro porque estoy concentrado en la carretera, ¿vale? | **I'm not looking at you because I'm concentrating on the road, ok?** |
| ¿Alguna vez has visto un jaguar concentrado en su presa? | **Have you ever seen a jaguar concentrating on its prey?** |
| ¿El *Pensador* de Rodin está concentrado todo el tiempo? | **Is Rodin's *Thinker* concentrating all the time?** |
| ¿En qué está concentrado? | **What's he concentrating on?** |
| Ni te oirá si está concentrado en el partido. | **He won't even hear you if he's concentrating on the game.** |

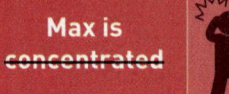

Además de *"to concentrate"*, en inglés solemos utilizar el verbo *"to focus"* para 'centrarse' o 'concentrarse'. De hecho, *"to focus"* es bastante más común entre nativos, por lo que aprovecharemos esta página para que te empapes de él.

**1.** Búscate una foto de un producto concentrado y escribe al lado **CONCENTRATED** y una foto en la que se vea a alguien concentrado y escribe al lado **CONCENTRATING.** ¡Ya tienes decoración nueva para tu escritorio!

**2.** Vuelve a traducir los ejemplos de la página anterior en voz alta, sustituyendo *"concentrating"* por *"focusing"*. Cuando acabes, haz otra ronda con *"focused"*, ya que en todos estos ejemplos usaríamos *"focusing"* o *"focused"* indistintamente.

**3.** ¿Qué término, sinónimo de *"abracadabra"*, rima con *"focus"* y con las palabras subrayadas en el hechizo de abajo? ¿Ya lo has averiguado? ¡Bien! Si consigues memorizarlo, podrás dominar uno de los sonidos que más les cuesta a los hispanohablantes, como por arte de magia...

If you want to go to <u>Venus</u>, just <u>focus</u>.
Don't be <u>nervous</u>, you're not <u>asparagus</u>, so <u>focus</u>
just <u>focus</u>
just <u>focus</u> and saaaaay <u>hocus</u>-<u>pocus</u>.

If you want to go to <u>Uranus</u>, <u>focus</u>
please, <u>focus</u>.
Are you <u>famous</u> or a <u>walrus</u>?
You need to <u>focus</u>.
You need to <u>focus</u> and saaaaay <u>hocus</u>-<u>pocus</u>.

Encontrarás las respuestas al final del libro.

# error 03

**We ~~won~~ the other team!**

**We beat the other team!**

¿Cómo? ¿Que habéis ganado EL otro equipo? Entonces, ¿lo vais a colocar en la vitrina, al lado de los demás trofeos? ¿O a lo mejor queríais decir que habéis ganado AL otro equipo? En inglés diríamos '**Hemos vencido al otro equipo**':

Con el verbo *"to beat"* siempre hay que mencionar al vencido. De lo contrario, recurrimos al verbo *"to win"*. Compara: *"We beat them last night"*, '**Anoche les ganamos nosotros**', con *"We won last night"*, '**Anoche ganamos nosotros**'.

¡Más ejemplos! Fíjate en que el presente y el pasado simple de este verbo se escriben y pronuncian igual: *"beat"* **/bíiit/**.

| | |
|---|---|
| Siempre les ganamos uno a cero. | **We always beat them one-nil.** |
| Les ganamos uno a cero la semana pasada. | **We beat them one-nil last week.** |
| Esta semana les hemos ganado seis a cero. | **We've beaten them six-nil this week.** |
| Mi hermana nunca me gana al tenis. | **My sister never beats me at tennis.** |
| ¿Ha ganado España a Portugal al fútbol alguna vez? | **Has Spain ever beaten Portugal at soccer?** |
| ¡Vicky ha vuelto a ganar a su rival! | **Vicky has beaten her rival again!** |
| ¡Ellos no, por favor! Nos ganarán, seguro. | **Not them, please! They'll beat us for sure.** |
| Ganaron al otro equipo con menos jugadores. | **They beat the home team with fewer players.** |
| Le podrías ganar con los ojos vendados. | **You could beat him blindfolded.** |
| ¿Cómo pensáis ganarlos? | **How are you planning to beat them?** |

**1.** ¿Qué significa la expresión *"It beats me"*, en sentido figurado?

**2. Quick quiz**

«¿Qué es lo que grita Janet Jackson justo antes de empezar a cantar su éxito de 1986, Nasty Boys?»

Give me a beer!

**?** Give me a bit!

Give me a beat!

«At the FIFA World Cup Final in 1986, the same year Janet's hit *Nasty Boys* came out, did West Germany beat Argentina or did Argentina beat West Germany?» **?**

**3.** *"Beat"* or *"Win"*?

Congratulations! You _____!

The Allies _____ Germany in 1945.

My team _____ every time they play at home.

If you _____ the champions, then you become the new champions.

What do you get if you _____?

It's hard to _____ somebody who has nothing to lose.

Nadal has _____ his opponent three times in a row.

Encontrarás las respuestas al final del libro.

# error 04

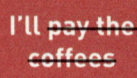

I'll ~~pay the coffees~~

Así dicho, ¡parece que te vas a levantar y le vas a dar el dinero a los cafés! Es como si estuvieras diciendo que vas a pagar a los cafés en vez de al camarero... En cambio, con la frase:

**I'll pay FOR the coffees**

se entiende que tú invitas a los cafés, es decir, que los pagas tú.

¡Más ejemplos! No olvides incluir la preposición **_"for"_** en las traducciones siguientes:

| | |
|---|---|
| Déjame pagar las entradas esta vez y tú puedes pagarlas la próxima vez. | **Let me pay for the tickets this time and you can pay for them next time.** |
| ¿Quién va a pagar las palomitas? | **Who's going to pay for the popcorn?** |
| ¿Qué te parece si pagas tú el taxi y yo la comida? | **How about you pay for the taxi ride and I pay for lunch.** |
| ¿Siempre dejas que te pague la cena tu ligue? | **Do you always let your date pay for your dinner?** |
| ¿Hay que pagar una canción si la quieres poner en tu propia fiesta? | **Do you have to pay for a song if you want to play it at your own party?** |
| Tendrás que pagar dos rondas si llegas tarde. | **You'll have to pay for two rounds if you're late.** |
| Nosotros podemos pagar la gasolina si vas a conducir tú todo el rato. | **We can pay for the gas if you're going to do all the driving.** |
| ¿Cómo vamos a pagar todo esto? | **How are we going to pay for all this?** |
| ¿Deberían pagar todos los universitarios su propia educación? | **Should all university students pay for their own education?** |
| Matt es un poco tacaño; ¡nunca paga nada! | **Matt is a bit stingy; he never pays for anything!** |

Por cierto, **_"I'll pay"_** es una forma de decir '**Invito yo**' en inglés; _"I invite"_, no lo es.

**1.** ¡A rellenar huecos!

> **PAY FOR**   **PAID**   **PAID FOR**

**Alice:** Sally looks beautiful in her wedding dress. I bet it was expensive. Did she _____ it herself?

**Martha:** Oh no, she didn't need to _____ it herself.

**Alice:** What about the food? Who _____ the food?

**Martha:** Sally's aunt _____ the catering service. She _____ €7,067 for it.

**Alice:** Not bad... And who _____ the band?

**Martha:** Sally's grandparents _____ it. They _____ €2,040 for the band.

**Alice:** Amazing. Did her parents _____ anything?

**Martha:** Sure! Sally's mum _____ the venue and her dad _____ the honeymoon.

**Alice:** No way! Lucky her!

**2.** Aunque por regla general, *"We pay FOR things"*, hay casos en los que no utilizamos el *"for"*. Encuentra las tres excepciones más comunes entre las frases siguientes y añade *"for"* cuando corresponda. Una pista: las excepciones no aparecen en los ejemplos de la página anterior.

| | |
|---|---|
| Can you pay _____ my bills? | Can you pay _____ my drink? |
| Can you pay _____ my rent? | Can you pay _____ my English course? |
| Can you pay _____ my car? | Can you pay _____ my mortgage? |
| Can you pay _____ my meal? | Can you pay _____ my ticket to Paris? |

**3.** Pregunta en un mensaje, o en vivo y en directo, a ocho personas, si pueden pagarte las cosas del ejercicio anterior. A lo mejor tienes suerte y alguien dice que sí. Y en el peor de los casos, puedes explicar que estás practicando tu inglés...

> Encontrarás las respuestas al final del libro.

# error 05

Intentas decirle al camarero que sois ocho para cenar y sueltas: *"We are eight"*.

## There are eight of us

El camarero, bromista, responde: '¿Tenéis ocho años?' ¡Parecéis algo mayores! Y es que, **'Somos ocho'** sería: *"There are eight of us"*.

¡Más ejemplos! Para expresar en inglés frases como **'Somos ocho'**, cambia el chip y piensa en traducir **'Hay ocho de nosotros'**, *"There are eight of us"*.

| | |
|---|---|
| Éramos al menos veinte. | **There were at least twenty of us.** |
| Mañana seremos más. | **There will be more of us tomorrow.** |
| Van a ser diez. | **There are going to be ten of them.** |
| Sois bastantes para formar un equipo. | **There are enough of you to make up a team.** |
| No os preocupéis. No sois demasiadas. | **Don't worry. There aren't too many of you.** |
| ¿Cuántos son? | **How many of them are there?** |
| No seremos seis después de todo. | **There won't be six of us after all.** |
| ¿Seréis trece? | **Will there be thirteen of you?** |
| Sólo somos dos en casa. | **There are only two of us at home.** |
| Somos cinco en clase. | **There are five of us in class.** |

**1.** Formula las preguntas que darían como resultado las siguientes respuestas:

There are three of us.　　　　*How many of you are there?*

There were five of us.

There'll be nine of them.

There are four of you.

There were two of you.

There are going to be six of them.


**2.** Responde en inglés con la estructura que estamos viendo:

¿Cuántos eran en *La última cena* de Da Vinci?

¿Cuántos eran los enanitos de Blancanieves?

¿Cuántos eran los mosqueteros de D'Artagnan?

¿Cuántos son los pecados capitales?

¿Cuántas son las estrellas de la bandera de EEUU?


**3.** ¿Cuántos invitados serán?

There'll be 15 Kennedys.　　　　*There'll be fifteen of them.*

There'll be 15 Simpsons.

There'll be 30 Newmans.

There'll be 50 in total.

Encontrarás las respuestas al final del libro.

# Got it? 1

¿Ya dominas los cinco errores anteriores? ¡Compruébalo a toda velocidad! ***READY? SET? GO!***

**CORRIGE:**

Who's going to pay her ticket? _____

**TRADUCE:**

Somos catorce. _____

**CORRIGE:**

Don't distract him. He's concentrated. _____
_____

**TRADUCE:**

¡Os vamos a ganar! _____

**CORRIGE:**

He's getting married with an old suit. _____
_____

**DILO CON UN SINÓNIMO:**

I need to <u>concentrate</u>. _____

**DILO EN PASADO SIMPLE:**

There are eighteen of them. _____

**DILO EN NEGATIVO:**

They've beaten us. _____

**FORMULA LA PREGUNTA PARA ESTA RESPUESTA:**

There'll be three of them. _____

**CORRIGE:**

I pay for my rent on the second of every month. _____
_____

### DILO EN PRESENTE SIMPLE:

She never paid for anything. _____

### TRADUCE:

Can you focus for five minutes? _____

### DILO EN AFIRMATIVO Y CORRIGE:

He doesn't go to work with his
sneakers.
_____
_____

### TRADUCE:

¿Duermes con pijama? _____

### CORRIGE:

A second division team won a first
division team yesterday.
_____
_____

### CORRIGE:

There's only two of us. _____

### COGE AIRE Y TRADUCE:

¿Cuántas sois? _____

### DILO EN NEGATIVO, PASADO SIMPLE:

She pays for her own dinner. _____

### FORMULA LA PREGUNTA PARA ESTA RESPUESTA:

No, he's not focused on his career
right now.
_____
_____

### TRADUCE:

Invito yo. _____

# error 06

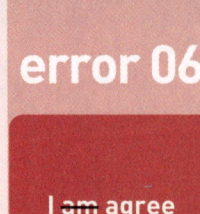

I am agree

¿Que eres un qué? *"A gree"* ¿Eso qué es? ¿Una profesión rara? ¿Una religión? ¿Una especie de vegetariano?

**I agree**

¡Aaahhh! Que se te ha colado ahí el verbo *"to be"* por intentar traducir literalmente del castellano **'Estoy de acuerdo'**, que en inglés es *"I agree"*. Uf... ¡qué alivio!

¡Más ejemplos! ¡Separa *"to be"* de **"to agree"** de una vez por todas!

| | |
|---|---|
| ¿Estás de acuerdo con él? | **Do you agree with him?** |
| Estoy de acuerdo con lo que dices. | **I agree with what you're saying.** |
| No todo el mundo está de acuerdo. | **Not everyone agrees.** |
| ¿Estamos todos de acuerdo en esto? | **Do we all agree on this?** |
| Bill está de acuerdo en que deberíamos dar una fiesta. | **Bill agrees that we should throw a party.** |
| No estoy de acuerdo contigo en absoluto. | **I don't agree with you at all.** |
| ¿Por qué siempre tienes que estar de acuerdo con ella? | **Why do you always have to agree with her?** |
| ¿No estás de acuerdo? | **Don't you agree?** |
| Todo el mundo está de acuerdo en que deberíamos ir. | **Everyone agrees we should go.** |
| ¡No puedes estar de acuerdo conmigo siempre! | **You can't always agree with me!** |

**1.** Convierte las frases siguientes en preguntas:

You agree.　　　　　　　*Do you agree?*

He agrees with us.

We all agree on that.

Maggie doesn't agree.

Your partner agrees with you.

The other party agrees with these conditions.

**2.** Di *"I agree"* o bien *"I don't agree"*:

Football players earn too much.

Bullfights should be banned.

The monarchy is an obsolete institution.

Living in the countryside is better than living in the city.

All Spanish omelets should have onion in them.

**3.** Añade *tag questions* (el '¿no?' inglés). Aquí serán todas con *"do"*, si la frase es negativa y con *"don't"*, si la frase es afirmativa.

You agree, *don't you* ?

His parents agree, _____?

You don't agree, _____?

Amy's friends don't agree, _____?

Peter and Andrea never agree with each other, _____?

No one agrees with what Ursula said, _____?

You and Harry agree with me on this, _____?

Encontrarás las respuestas al final del libro.

# error 07

**People is...**

Da igual cómo termine esta frase, no va a tener un final feliz.

**People are...**

Y es que, por mucho que en castellano se diga **'la gente es'**, con el verbo en singular, en inglés **"people"** lleva el verbo en plural, **"People are people"**. ¡Eso es!

¡Más ejemplos! Ten en cuenta que cualquier verbo que acompañe a **"people"** irá en plural (sin **"s"** al final).

| | |
|---|---|
| La gente viene y va. | **People come and go.** |
| Aquí la gente no está de acuerdo con los cambios. | **People here don't agree with the changes.** |
| La gente mayor normalmente sabe mucho. | **Older people normally know a lot.** |
| ¿Cuánta gente hay en el mundo? | **How many people are there in the world?** |
| ¿A los españoles les gusta comer tarde? | **Do Spanish people like to eat late?** |
| ¿Es verdad que los ingleses son muy puntuales? | **Is it true that English people are very punctual?** |
| ¡La gente está enfadada porque tiene hambre! | **People are angry because they're hungry!** |
| Como regla general, la gente más sana vive más tiempo. | **As a general rule, healthier people live longer.** |
| ¿Por qué la quiere tanto la gente? | **Why do people love her so much?** |
| ¿Por qué la querrá tanto la gente? | **I wonder why people love her so much.** |

**1.** Responde a toda velocidad, ¡sin confundirte de verbo auxiliar!

| | |
|---|---|
| Are people human beans? | Dí que no. **No, they aren't.** |
| Are people human beings? | Dí que sí. |
| Do people bark? | Dí que no. |
| Do people die? | Dí que sí. |
| Are people crazy? | Dí que no. |
| Do people know much? | Dí que no. |
| Are people intelligent creatures? | Dí que sí. |

**2.** Termina de escribir las frases y no dejes de leerlas en voz alta después.

People from Spain **are Spanish**.

People from France _____.

People from Germany _____.

People from Greece _____.

People from the US _____.

People from Europe _____.

**3. Quick quiz!** ¿Quién cantaba...?

«People are people so why should it be, you and I should get along so awfully?»   **?**
The Rolling Stones
Depeche Mode

«People, you can never change the way they feel.»   **?**
George Michael
Robbie Williams

Encontrarás las respuestas al final del libro.

# error 08

It's ~~in internet~~

¡Ay! Este error puede provocarle dolor de oídos al nativo que lo oiga.

**It's on the internet**

En inglés hablamos de *"the internet"*, porque no lo consideramos un nombre propio. Así que decimos literalmente **'Está en la internet'** y con la preposición *"on"*, no "in".

¡Más ejemplos! Por cierto, se escribe tanto Internet, con mayúscula, como internet, con minúscula. ¡Tú eliges!

| | |
|---|---|
| Puedes encontrar trabajo en internet. | **You can find a job on the internet.** |
| Hay miles de ellas en internet. | **There are thousands of them on the internet.** |
| ¿Están en internet estas fotos? | **Are these pictures on the internet?** |
| ¿Por qué no lo buscas en internet? | **Why don't you look it up on the internet?** |
| ¿Se pueden ver películas en internet? | **Can you watch movies on the internet?** |
| ¿Es seguro comprar cosas en internet? | **Is it safe to buy things on the internet?** |
| Sam va a montar un negocio en internet. | **Sam's setting up an internet business.** |
| ¿Nos sacamos las entradas en internet? | **Shall we get our tickets on the internet?** |
| Seguro que encuentras uno en internet. | **I'm sure you can find one on the internet.** |
| Si no está en internet, ¿dónde está? | **If it's not on the internet, where is it?** |

**1.** ¿Qué tal andas de verbos irregulares? ¡No te lo pienses! ¡A rellenar huecos!

| | |
|---|---|
| Where did you find it? | I found it on the internet. |
| Where did you see that? | I _____ it on the internet. |
| Where did you read it? | I _____ it on the internet. |
| Where did you buy it? | I _____ it on the internet. |
| Where did you sell them? | I _____ them on the internet. |
| Where did you put it? | I _____ it on the internet. |

**2.** Di en inglés si estás de acuerdo o no:

People lie more on the internet.

Life is easier for criminals on the internet.

Things are usually cheaper on the internet.

Meeting new people on the internet can be dangerous.

**3.** Escribe al menos cuatro afirmaciones que incluyan *"on the internet"* y ponlas allí mismo, *"on the internet"* ¡a ver quién está de acuerdo contigo!

_____

_____

_____

_____

_____

> Encontrarás las respuestas al final del libro.

# error 09

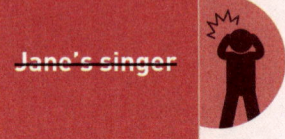

A menos que se pongan de moda las películas de Tarzán, para expresar que **'Jane es cantante'**, mejor di:

## Jane's a singer

En inglés utilizamos el artículo indefinido, **"a"** o **"an"**, cuando decimos a qué se dedica alguien.

¡Más ejemplos! Recuerda que **"a"** se convierte en **"an"** delante de palabras que empiezan por sonido de vocal (**"an actress"**, **"an electrician"**, **"an architect"**, etc).

| | |
|---|---|
| No es alumno, es profesor. | **He's not a student, he's a teacher.** |
| Mi vecina de al lado es camarera. | **My next-door neighbor is a waitress.** |
| ¿De verdad que tu hermano es político? | **Is your brother really a politician?** |
| El padre de Greg es fontanero y electricista. | **Greg's dad's a plumber and an electrician.** |
| Yo creo que Pam es muy buena abogada. | **I think Pam's a very good lawyer.** |
| ¿Eres espía? | **Are you a spy?** |
| Soy comercial en RBA. | **I'm a sales rep at RBA.** |
| Kate no es ni escritora ni periodista. | **Kate's neither a writer nor a journalist.** |
| ¿Te gustaría hacerte astronauta? | **Would you like to become an astronaut?** |
| ¿La novia de Dan es ingeniera? | **Is Dan's girlfriend an engineer?** |

**1.** Termina las frases.

| | |
|---|---|
| A man who designs buildings | *works as an architect.* |
| A man who acts in movies | |
| A woman who teaches English | |
| A woman who operates on people | |
| A man who fixes cars | |
| A woman who flies planes | |

**2.** En el estribillo de la canción *"The Joker"* de The Steve Miller Band, el cantante dice ser varias cosas y una de ellas se refiere a una profesión relacionada con la agricultura, ¿cuál es?

**3. Quick quiz!** *"What did they do?"*, ¿A qué se dedicaban?

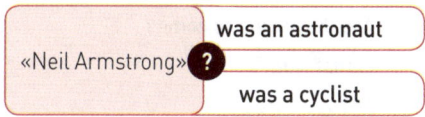

«Neil Armstrong» ? was an astronaut / was a cyclist

«Louis Armstrong» ? was a musician / was an astronaut

«Lance Armstrong» ? was a cyclist / was a musician

Encontrarás las respuestas al final del libro.

# error 10

**You're OK?**

Lo sentimos, pero a nosotros no nos basta con poner un signo de interrogación al final para formar una pregunta.

**Are you OK?**

En preguntas con el verbo **"to be"**, el verbo como el burro, ¡delante para que no se espante!

¡Más ejemplos! Aunque la pregunta empiece con otra palabra distinta al verbo **"to be"**, éste sigue yendo antes del sujeto (**"Where are you?"**).

| | |
|---|---|
| ¿Van a venir? | **Are they going to come?** |
| ¿Es eso cierto? | **Is that right?** |
| ¿Estás seguro? | **Are you sure?** |
| ¿Los padres de Emma son buena gente? | **Are Emma's parents good people?** |
| ¿Está listo todo el mundo? | **Is everyone ready?** |
| ¿Ésos son tus zapatos nuevos? | **Are those your new shoes?** |
| ¿Hay bastante? | **Is there enough?** |
| ¿Llego tarde? | **Am I late?** |
| ¿Esto es amor? | **Is this love?** |
| ¿Eso es todo? | **Is that all?** |

**1.** Lee las siguientes preguntas en voz alta delante del espejo. Hazlo con tu mejor acento inglés, empezando todas con **/ammmái.../**.

Am I alive? Yes, I am.

Am I speaking? Yes, I am.

Am I a human being? Yes, I am.

Am I speaking English? Yes, I am.

Am I talking to myself? Yes, I am.

Am I looking at myself in the mirror? Yes, I am.

**2.** Convierte las siguientes afirmaciones en preguntas:

He's here.　　　　　　　　　　*Is he here?*

It's raining.

It's too soon.

That's it!

She's waiting.

This is our car.

**3.** ¡Más difícil todavía! Ahora convierte en preguntas las siguientes negaciones:

It's not a good idea.　　　　*Isn't it a good idea?*

It's not great.

It's not on.

It's not cold.

It's not yellow.

It's not a question of time.

Encontrarás las respuestas al final del libro.

# featuring /~~estop~~/ vs /ssstop/

Las palabras que empiezan por "**s**" seguida de consonante son las que más se les suelen atravesar a los hispanohablantes. Les cuesta pronunciarlas sin que aparezca una 'e' al principio.

Para evitar decir cosas como /estop/ en lugar de **/stop/**, practica lo siguiente: di 'sí', pero en vez de la 'i' di 'top': **/stop/**. Repite la operación con las palabras de aquí al lado hasta que no se te escape ni una 'e' antes de la "**s**" inicial.

| | |
|---|---|
| student **/ssstíudent/** | skeleton **/ssskéleton/** |
| strange **/ssstreinch/** | slide **/ssslaidd/** |
| Spanish **/sssspanish/** | smart **/sssmaat/** |
| standard **/ssstandaad/** | style **/ssstail/** |

Otro truco para evitar la 'e' fantasma es llevarte la "**s**" a la palabra anterior. Lee en voz alta el siguiente parrafito y verás.

My**sss** pecial friend**SSS** teve**sss** tudies**SSS** panish at a**sss** chool on my**sss** treet. He love**SSS** pain and he's an excellent**sss** tudent. He's really**sss** mart and**sss** tylish too. My**sss** pecial friend**SSS** teve is the best!

# Shhha-la-la-lá, uo-o-o

Para pronunciar el dúo *"sh"*, imagina que mandas callar a alguien: *"shhh"*, ¡así de simple!

Este sonido es el mismo que el de la pareja de letras *"su"* en algunas palabras, como *"sugar"* **/shhhúga/**, *"sure"* **/shhhúa/** o *"tissue"* **/tíshhhu/**, además de las que puedes ver aquí abajo. ¡Y a practicar se ha dicho!

| | |
|---|---|
| she **/shhhii/** | ensure **/enshhhúa/** |
| shop **/shhhop/** | issue **/íshhhu/** |
| sure **/shhhúa/** | insurance **/inshhhúrans/** |
| sugar **/shhhúga/** | reassuring **/riashhhúrin/** |
| assure **/ashhhúa/** | |

¿Te atreves con uno de los trabalenguas más conocidos en nuestro idioma?

She sells seashells by the seashore.
The shells she sells are surely seashells.
So if she sells shells on the seashore,
I'm sure she sells seashore shells.

# Got it? 2

¿Ya dominas los cinco errores anteriores? ¡Compruébalo a toda velocidad! *READY? SET? GO!*

**CORRIGE:**

Are you agree? _____

**TRADUCE:**

¿Hay una foto en internet? _____

**FORMULA LA PREGUNTA PARA ESTA RESPUESTA:**

It's on the floor.     *Where...*

**DILO EN AFIRMATIVO:**

People don't know. _____

**CORRIGE:**

I'm architect. _____

**TRADUCE:**

Do people agree? _____

**DILO EN PASADO SIMPLE Y CORRIGE:**

She buys them in internet. _____

**CORRIGE:**

People says I'm a dreamer. _____

**FORMULA LA PREGUNTA PARA ESTA RESPUESTA:**

There were four of them.     *How many...*

**TRADUCE:**

¿Está cansada la gente? _____

**TRADUCE:**

No estoy de acuerdo. _____

**DILO EN NEGATIVO Y CORRIGE:**

I found it in internet. _____

**CORRIGE:**

Not everyone are agree. _____

**TRADUCE:**

¿Trabaja de cirujana en este
hospital? _____
_____

**CORRIGE:**

Mr. Armstrong was musician. _____

**CONVIERTE EN PREGUNTA:**

I'm in your way. _____

**CORRIGE:**

There are more? _____

**DILO EN FUTURO CON *"WILL"*, EN NEGATIVO:**

They agree with you. _____

**CONVIERTE EN PREGUNTA:**

It's not a question of money. _____

**FORMULA LA PREGUNTA PARA ESTA RESPUESTA:**

Yes, that's all folks! _____

# error 11

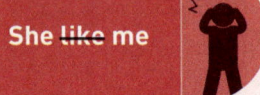

**She like me**

¿Cómo? ¿Le caes bien? ¿Ella es como tú? No entiendo, ¿está en huelga el verbo *"to like"*?

**She likes me**

¡Aaahhh! ¡Le caes bien! Para una cosa que varía, la *"s"* en la tercera persona del singular, y la mayoría de los hispanohablantes se la come con patatas...

¡Más ejemplos! Ten en cuenta que a veces nos complicamos añadiendo *"es"* (*"he goes"*, *"it washes"*, *"she does"*, etc). ¡Viva la conjugación de los verbos en inglés!

| | |
|---|---|
| Diana va andando al trabajo por la mañana. | **Diana walks to work in the morning.** |
| Justin la trata como a una princesa. | **Justin treats her like a princess.** |
| Esta clase termina a las nueve y media. | **This class finishes at half past nine.** |
| Mi perro nunca se baña en el lago. | **My dog never swims in the lake.** |
| Mary se estudia dos verbos españoles cada semana. | **Mary studies two Spanish verbs every week.** |
| No bebe ni leche, ¡sólo bebe agua! | **She doesn't even drink milk, she only drinks water!** |
| ¿Aquí nieva en invierno? | **Does it snow here in the winter?** |
| ¿Tiene gimnasio el hotel? | **Does the hotel have a gym in it?** |
| ¿De verdad habla Japonés Duncan? | **Does Duncan really speak Japanese?** |
| Frank no vigila lo que come. | **Frank doesn't watch what he eats.** |

**1.** Te retamos a escribir las cuatro primeras estrofas del clásico "My Way" en tercera persona del singular y en presente simple. ¡Fíjate en los dos primeros cambios!

| | |
|---|---|
| And now, the end is near; | *And now, the end is near;* |
| And so **I face** the final curtain. | *And so he faces the final curtain.* |
| My friend, **I'll say** it clear, | *My friend, he says it clear,* |
| **I'll state my** case, of which **I'm** certain. | |
| **I've lived** a life that's full. | |
| **I've traveled** each and every highway; | |
| And more, much more than this, | |
| **I did** it **my** way. | |
| Regrets, **I've had** a few; | |
| But then again, too few to mention. | |
| **I did** what **I had** to do | |
| And **saw** it through without exemption. | |
| **I planned** each charted course; | |
| Each careful step along the byway, | |
| And more, much more than this, | |
| **I did** it **my** way. | |

**2.** Pon las frases en presente simple.

| | |
|---|---|
| It sounded good yesterday. | *It sounds good every day.* |
| It rained a lot yesterday. | _____ every day. |
| He touched the screen yesterday. | _____ every day. |
| She watched the news yesterday. | _____ every day. |
| She gave me flowers yesterday. | _____ every day. |
| It finished at eight yesterday. | _____ every day. |

Encontrarás las respuestas al final del libro.

# error 12

**I'm thinking in you**

¿Perdón? ¿Pensando dentro de mí? ¿O quizá quisiste decir 'Estoy pensando en ti'? Entonces cambia *"in"* por *"about"* ¡y ahórrame un susto!

**I'm thinking about you**

Con *"about"* indicamos el tema en el que pensamos.

¡Más ejemplos! Prácticamente el único caso en el que se juntan *"think"* y *"in"* es al indicar el idioma en el que se piensa o se sueña. *"I usually think in English, and you?"*.

| | |
|---|---|
| ¿En qué piensas? | **What are you thinking about?** |
| Estoy pensando en mis vacaciones. | **I'm thinking about my holidays.** |
| Ella está siempre pensando en él. | **She's always thinking about him.** |
| No puedo pensar en ninguna otra cosa. | **I can't think about anything else.** |
| Hay gente que sólo piensa en el dinero. | **Some people can only think about money.** |
| Piénsalo. | **Think about it.** |
| Me lo pienso y te digo algo. | **I'll think about it and let you know.** |
| ¿Piensas en tus problemas a menudo? | **Do you think about your problems often?** |
| ¿Alguna vez piensas en lo que pasó? | **Do you ever think about what happened?** |
| No lo pienses demasiado. | **Don't think about it too much.** |

**1.** Une las frases con las traducciones correspondientes.

| | |
|---|---|
| **1** What do you think? | ¿En qué piensas? |
| **2** Who are you thinking about? | ¿Qué opinas sobre eso? |
| **3** What are you thinking about? | ¿Qué opinas? |
| **4** What do you think about that? | ¿En quién piensas? |

**2.** ¡Ojo! Si a *"about"* le sigue un verbo, éste irá en gerundio (terminación *"-ing"*). Y ahora, ¡a formular las frases siguientes con *"think about"*!

| | |
|---|---|
| I'm planning to go. | *I'm thinking about going.* |
| I'm planning to move. | |
| I'm planning to change them. | |
| I'm planning to visit him. | |
| I'm planning to leave. | |
| I'm planning to buy one. | |

**3. Quick quiz!** Who sang...?

«I've been thinking about you...» **?**
- Londonbeat
- The Beatles

«I'll be thinking about you...» **?**
- Calvin Harris
- Justin Bieber

Encontrarás las respuestas al final del libro.

# error 13

**I'm going to the bed**

Así dicho, con *"the"*, parece que alguien quisiera aclarar que va a ir hacia la cama y no hacia el armario, la mesilla o cualquier otra parte de la habitación.

**I'm going to bed**

'Me voy a la cama', en el sentido de 'Me voy a acostar', sería sin *"the"*.

¡Más ejemplos! Con sitios a los que vamos de forma habitual (*"bed"*, *"school"*, *"church"*, etc.) omitimos *"the"*. ¡Hazlo tú también!

| | |
|---|---|
| ¿A qué hora te sueles ir a la cama? | **What time do you usually go to bed?** |
| Mis hijos se van a la cama a las ocho y media. | **My children go to bed at half past eight.** |
| Estoy cansada. Me voy a la cama. | **I'm tired. I'm going to bed.** |
| Nunca me voy a la cama antes de las doce. | **I never go to bed before twelve.** |
| ¡A Andy le encanta ir al colegio! | **Andy loves going to school!** |
| ¿Cómo vas a la escuela? | **How do you get to school?** |
| En Italia los niños van al colegio los sábados. | **Children in Italy go to school on Saturdays.** |
| Van al colegio en autobús. | **They go to school by bus.** |
| La abuela va a la iglesia todos los domingos. | **Grandma goes to church every Sunday.** |
| Gerry suele llevar el coche a la iglesia. | **Gerry usually drives to church.** |

### 1. *"Bed"* vs *"the bed"*

Are you tired? Go to _____ bed then!

Can you go to _____ bed over there?

Can you please leave this on _____ bed?

Go to _____ bed if you're feeling sick.

### 2. *"School"* vs *"the school"*

_____ school is actually in the same neighbourhood.

What time do you usually leave for _____ school?

Not everybody can go to _____ school in some countries.

Look! You can see _____ school from here!

### 3. *"Church"* vs *"the church"*

Let me take a picture of _____ church.

Let's go see _____ church! It's for free!

Is it OK to wear a hat to _____ church?

I sometimes forget to go to _____ church.

Encontrarás las respuestas al final del libro.

# error 14

**What happens?** ~~What happens?~~

Si le haces esta pregunta a un nativo, probablemente se quede a la espera de que la termines, porque parece que vas a seguir: *"What happens when...?"* o *"What happens if...?"*.

**What's wrong?**

Cuando tenemos indicios de que pasa algo malo, preguntamos *"What's wrong?"*.

*"What's wrong?"* equivale tanto a '**¿Qué te pasa?**', como a '**¿Qué pasa?**', sin personalizar la pregunta.

| | |
|---|---|
| ¿Estás bien? ¿Qué te pasa? | **Are you all right? What's wrong?** |
| ¿Por qué llora el bebé? ¿Qué le pasa? | **Why is the baby crying? What's wrong with him?** |
| ¿Qué pasa? ¿No te gusta mi tarta de chocolate? | **What's wrong? Don't you like my chocolate cake?** |
| ¿Qué le pasa a Brenda? | **What's wrong with Brenda?** |
| Pareces disgustado. ¿Qué pasa? | **You look upset. What's wrong?** |
| ¿Qué te pasa? ¿No estás contento aquí? | **What's wrong? Aren't you happy here?** |
| ¿Qué le pasa a mi vestido? ¿Es demasiado grande? | **What's wrong with my dress? Is it too big?** |
| ¿Por qué no puedes dormir? ¿Qué te pasa? | **Why can't you sleep? What's wrong?** |
| ¿Qué le pasa a mi idea? | **What's wrong with my idea?** |
| ¿Qué le pasa a Mary? | **What's wrong with Mary?** |

**1.** ¿Qué traducciones son incorrectas?

| | |
|---|---|
| What happens? | ¿Qué pasa? |
| ¿Qué pasa cuando reímos? | What happens when we laugh? |
| What's wrong? | ¿Qué pasa? |
| ¿Qué pasa si hierve el agua? | What happens if water boils? |
| What happens with them? | ¿Qué les pasa? |

**2.** ¿En cuáles de estas situaciones sería más natural preguntar *"What's happening?"*, y en cuáles sería más natural *"What's wrong?"*?

**a)** You can see fireworks (fuegos artificiales).

**b)** There's someone crying.

**c)** There are people cheering.

**d)** Someone looks ill.

**3.** *"What's wrong?"* vs *"What's happening?"*

**a)** There are people running around with a smile on their face.

**b)** Everyone stands up and starts singing.

**c)** Someone looks green in the face.

Encontrarás las respuestas al final del libro.

# error 15

~~I call you tomorrow~~

¿Cómo? En inglés no tiene sentido decir que haces algo en presente, **"I call you"**, pero ¿**"tomorrow"**? Es como si dijeras, 'Te llamaré ayer' ¡Qué follón!

**I'll call you tomorrow**

Si lo que quieres decir es **'Te llamaré mañana'**, en inglés pon el verbo en futuro.

¡Más ejemplos! Insistimos: si nos referimos al futuro, en inglés utilizamos un tiempo verbal de futuro (con **"will"**, el presente continuo, etc.) y no el presente simple, como se puede hacer en castellano.

| | |
|---|---|
| ¡Voy! | **I'm coming!** |
| Volamos a Moscú el mes que viene. | **We're flying to Moscow next month.** |
| Acabamos y nos vamos. | **We'll finish up and leave.** |
| ¿Venís a la fiesta esta noche? | **Are you coming to the party tonight?** |
| ¿Se va Jacquie a algún sitio este verano? | **Is Jacquie going anywhere this summer?** |
| Hablamos luego. | **We'll talk later.** |
| ¿Sales esta noche? | **Are you going out this evening?** |
| Te veo luego. | **(I'll) see you later.** |
| ¿Está cerrada la tienda? Pues lo compramos mañana. | **Is the store closed? We'll buy it tomorrow then.** |
| ¿Me lo envías el lunes? | **Will you send it to me on Monday?** |

**1.** ¡Llegó la hora de las respuestas cortas a toda velocidad!

| | | |
|---|---|---|
| Will I see you tomorrow? | Di que sí. | *Yes, I will.* |
| Will you be here at eight again? | Di que sí. | |
| Will you see them later? | Di que no. | |
| Will you make some more? | Di que no. | |
| Will you bring them with you? | Di que sí. | |
| Will you do it for us? | Di que sí. | |

**2.** Ahora toca traducir las preguntas, teniendo en cuenta las respuestas cortas proporcionadas.

| | | |
|---|---|---|
| ¿Vienes el martes? | *Are you coming on Tuesday?* | Yes, I am. |
| ¿Se va él? | | No, he isn't. |
| ¿Me llamas luego? | | Yes, I will. |
| ¿Cenas conmigo mañana? | | No, I won't. |
| ¿Vienen el domingo? | | Yes, they are. |
| ¿Duermes aquí esta noche? | | No, I'm not. |

**3.** ¿Qué queda implícito en estos tres casos?

| | |
|---|---|
| See you later! | ¡Luego te veo! |
| Call you later! | ¡Luego te llamo! |
| Talk to you later! | ¡Luego hablo contigo! |

Encontrarás las respuestas al final del libro.

# Got it? 3

¿Ya dominas los cinco errores anteriores? ¡Compruébalo a toda velocidad! *READY? SET? GO!*

**TRADUCE:**

¿Aquí llueve en verano? _____

**CORRIGE:**

Why is Lenny upset? What happens _____
with him? _____

**TRADUCE:**

¿En qué piensas? _____

**FORMULA LA PREGUNTA PARA ESTA RESPUESTA:**

I usually go to bed <u>at eleven</u>. _____

**CORRIGE:**

This class finish at half past nine. _____

**TRADUCE:**

Te lo envío el miércoles. _____

**DILO EN PRESENTE SIMPLE Y CORRIGE**

She went to the school from _____
Monday to Friday. _____

**DILO EN NEGATIVO:**

Think about it. _____

**TRADUCE:**

¡Me voy! _____

**CORRIGE:**

I can see the hospital, but where's church?

_____

_____

**TRADUCE:**

¿Qué opinas?

_____

**DILO EN PRESENTE SIMPLE, CON _"he"_ DE SUJETO:**

I did what I had to do.

_____

**CORRIGE:**

They finish tomorrow.

_____

**TRADUCE:**

¿Qué te pasa?

_____

**CORRIGE:**

She's always thinking in the same thing.

_____

_____

**CORRIGE:**

He don't know.

_____

**TRADUCE:**

¿Cómo sueles ir a la iglesia?

_____

**TRADUCE:**

Hablamos luego.

_____

**CORRIGE:**

Are you OK? What happens?

_____

**DILO EN PRESENTE SIMPLE, CON _"he"_ DE SUJETO:**

I did it my way

_____

# error 16

**I live in London ~~since two weeks ago~~**

¡Vaya cóctel de palabras! Lo único que queda claro aquí es que vives en Londres.

**I've been living in London for two weeks**

'Vivo en Londres desde hace dos semanas' sería literalmente '**He estado viviendo en Londres por dos semanas**'.

¡Más ejemplos! Con períodos de tiempo, como '**dos semanas**', usamos la preposición *"for"* y no *"during"*, ni *"since"*. Recuerda: *"for"* se traduce como '**desde hace**' y *"since"* como '**desde**'.

| | |
|---|---|
| Trabajo aquí desde hace más de siete años. | **I've been working here for over seven years.** |
| Venimos a este restaurante desde hace años. | **We've been coming to this restaurant for years.** |
| El gato lleva durmiendo diez horas. | **The cat's been sleeping for ten hours.** |
| Estudio inglés desde hace veinte años. | **I've been studying English for twenty years.** |
| ¡Ese perro lleva toda la noche ladrando! | **That dog's been barking all night!** |
| Hace años que la gente hace las mismas cosas. | **People have been doing the same things for centuries.** |
| Te he estado observando. | **I've been watching you.** |
| Hace horas que la interroga la policía. | **The police have been interrogating her for hours.** |
| Hace seis días que llueve en la montaña. | **It's been raining for six days in the mountains.** |
| ¿Esperas desde hace mucho? | **Have you been waiting long?** |

**1.** Teniendo en mente que *"for"* va con períodos de tiempo (*"for two days"*) y *"since"* con puntos en el tiempo determinados (*"since Tuesday"*), reformula estos ejemplos:

| | | |
|---|---|---|
| I've been working since 2001. | It's 2007. | **I've been working for 6 years.** |
| I've been working for 6 years. | It's 2010. | |
| I've been driving for 2 hours. | It's 5 o'clock. | |
| He's been talking since 10. | It's 11 o'clock. | |
| They've been partying for 2 days. | It's Monday. | |
| It's been snowing since Tuesday. | It's Thursday. | |

**2.** ¡A rellenar huecos! *"For"* vs *"since"*

She's been trying _____ May.

We've been negotiating _____ weeks.

The cake's been baking _____ twenty minutes.

I've been living in Spain _____ thirty-five years.

You've been saying that _____ day one.

He's been dancing _____ years.

**3. Quick quiz!**

«¿En qué canción de Rodney Atkins canta *"I´ve been watching you"*?»

«¿Qué es un *"buckaroo"*? »

Encontrarás las respuestas al final del libro.

# error 17

A week in Vaughan Town is the same ~~that~~ a month abroad

A week in Vaughan Town is the same as a month abroad

En Vaughan estamos seguros de que, a efectos de practicar inglés, una semana en Vaughan Town es lo mismo que un mes en el extranjero. Lo que no cuela es traducir **'lo mismo que'** como *"the same ~~that~~"*...

**'Lo mismo que'** es *"the same as"*. ¡Ah! Y tampoco vale *"the same ~~than~~"*.

¡Más ejemplos! Que esta estructura sea tu nueva mejor amiga: *"the same as"*, *"the same as"*, *"the same aaaaas"*. We love *"the same as"*!

| | |
|---|---|
| Una hora es lo mismo que sesenta minutos. | **One hour is the same as sixty minutes.** |
| Trabajar en una granja no puede ser lo mismo que trabajar en una oficina. | **Working on a farm can't be the same as working in an office.** |
| ¿Un 50% es lo mismo que un medio? | **Is fifty per cent the same as one half?** |
| ¿Votarle a él es lo mismo que votarla a ella? | **Is voting for him the same as voting for her?** |
| ¿La vida allí era lo mismo que la vida aquí? | **Was life there the same as life here?** |
| Sabes lo mismo que yo. | **You know the same as I do.** |
| Montar en camello no es lo mismo que montar en elefante. | **Riding a camel is not the same as riding an elephant.** |
| El italiano no es igual que el rumano. | **Italian is not the same as Romanian.** |
| ¡Tu teléfono es igual que el mío! | **Your phone's the same as mine!** |
| No es lo mismo mirar que jugar. | **Watching isn't the same as playing.** |

**1.** What do you think?

| US | | UK |
|---|---|---|
| a truck | *is the same as* | a lorry |
| a trunk | | a train |
| a line | | a queue |
| an eggplant | | an aubergine |
| American football | | rugby |
| soccer | | football |

**2.** Da respuestas largas, como en el ejemplo:

| | |
|---|---|
| Is a mole the same as a freckle? | *No, a mole isn't the same as a freckle.* |
| Is one kilogram the same as one pound? | |
| Are potato chips in the US the same as in the UK? | |
| Is Holland the same as The Netherlands? | |
| Is a cheetah the same as a leopard? | |
| Is one mile the same as 1.6 km? | |

**3.** ¡Haz tu propia mini encuesta con *"the same as"*! Aquí tienes algunas ideas:

- Does food on holidays taste the same as food at home?
- Is speaking English on the phone the same as speaking it face to face?
- Is a nap before lunch the same as a nap after lunch?

Encontrarás las respuestas al final del libro.

# error 18

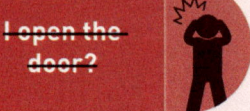

~~I open the door?~~

¡Error ni-ni! Ni se forman así las preguntas en inglés, ni se utilizaría el presente simple en este caso.

**Shall I open the door?**

Para ofrecernos a hacer algo, como por ejemplo, a abrir la puerta, una opción es empezar la pregunta con *"shall"*.

¡Más ejemplos! ¡Pon más **/shhhalái/** (*"Shall I"*) en tu vida!

| | |
|---|---|
| ¿Abro la ventana? | **Shall I open the window?** |
| ¿Te traigo más? | **Shall I bring you some more?** |
| ¿Te llamo en otro momento? | **Shall I call you some other time?** |
| ¿Se lo digo a ella? | **Shall I tell her?** |
| ¿Hago las camas? | **Shall I make the beds?** |
| ¿Te compro uno? | **Shall I get you one?** |
| ¿Lo hago yo? | **Shall I do it?** |
| ¿Me quito del medio? | **Shall I get out of the way?** |
| ¿Intento convencerles yo? | **Shall I try to convince them?** |
| ¿Las dejo aquí? | **Shall I leave them here?** |

**1.** Ofrece tu ayuda, empezando con **"Shall I...?"** y completa según las indicaciones en castellano.

| Someone says: | And you offer: |
|---|---|
| I'm hungry. | *Shall I get you something to eat?* |
| I'm thirsty. | algo de beber |
| I'm tired. | hacerte la cama |
| I'm still hungry. | traerte más |
| I'm busy right now. | llamarte en otro momento |
| I can't talk to them. | intentar convercerles yo |

**2.** ¿Qué pronombres encajan?

I have <u>two chairs</u>. Shall I bring ~~them~~?

There's <u>one</u> here. Shall I open _____?

<u>Mike</u> doesn't know. Shall I tell _____?

<u>Alice</u> hasn't seen it. Shall I show _____?

<u>These</u> are <u>his</u>. Shall I give _____ to _____?

<u>That's</u> really heavy. Shall I carry _____?

**3.** ¡Ojo! **"Shall"** sólo va con **"I"** y con **"we"**, para ofrecerse, proponer o sugerir algo. Dicho esto, añadiremos que en 1937, 1996 y 2004 se estrenaron tres películas con el mismo nombre: **Shall we** qué más**?**

Encontrarás las respuestas al final del libro.

53

# error 19

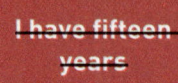 **I have fifteen years**

¿Que tienes quince años para qué? ¿Para irte de vacaciones? ¡Qué suerte!

**I'm fifteen**

¡Aaahhh! Que tienes quince años de edad. ¡Pues haberlo dicho así, con el verbo **"to be"**!

¡Más ejemplos! Di **"I'm fifteen"** o **"I'm fifteen years old"**, pero nunca *"I'm fifteen years"*, y menos aún con el verbo *"to have"*...

| | |
|---|---|
| Este elefante tiene cincuenta y dos años. | **This elephant is fifty-two years old.** |
| No tengo siete años, ¡tengo ocho y medio! | **I'm not seven, I'm eight and a half!** |
| ¿Tu hermano tiene doce o trece años? | **Is your brother twelve or thirteen?** |
| John Lennon tenía cuarenta años en 1980. | **John Lennon was forty in 1980.** |
| ¿Entonces Yoko Ono tenía cuarenta y siete? | **Was Yoko Ono forty-seven then?** |
| ¿De verdad tienes sesenta y siete años? | **Are you really sixty-seven?** |
| La verdad es que tengo setenta y seis. | **I'm actually seventy-six.** |
| No me creo que tu hija ya tenga diez años. | **I can't believe your daughter's already ten.** |
| Mi padre tenía diecinueve años cuando nací. | **My dad was nineteen when I was born.** |
| Yo tenía tres años cuando nació mi hermana. | **I was three when my sister was born.** |

**1.** How old were they when they died?

| 33 | 46 | 122 | 28 | 18 |

Tutankhamun was _____ when he died.

Jesus was _____ when he died.

Billy the Kid was _____ when he died.

John F. Kennedy was _____ when he died.

Jeanne Calment was _____ when she died.

**2.** Did you know?

| 17 | 18 | 16 | 16 | 21 |

You can drive in the US if you are _____.

You can vote in Brazil if you are _____.

You can drink in Cyprus if you are _____.

You can drink in the US if you are _____.

You can get married in Spain if you are _____.

**3.** Ask a friend:
- How old were your parents when you were born?
- How old was your favourite uncle when you were born?
- HoW old was Sara Montiel when you were born?

Encontrarás las respuestas al final del libro.

# error 20

 ~~I'm listening music~~

¡Nooooo! ¡En inglés no escuchamos nada ni a nadie sin el *"to"* después de *"listen"*!

**I'm listening to music**

Ya sabes, '**Estoy escuchando música**' es *"I'm listening to music"*. También puedes decir *"I'm listening to music"* y a veces, *"I'm listening to music"*.

¡Más ejemplos! Una cosa: el *"to"* aparece antes de aquello a lo que escuchamos y desaparece si aquello a lo que escuchamos no se menciona en la frase. Compara: *"Listen to me!"* con *"Listen!"*, a secas.

| | |
|---|---|
| ¿Me estás escuchando? | **Are you listening to me?** |
| Siempre me duermo escuchando la radio. | **I always fall asleep listening to the radio.** |
| Escucha a tu médico. | **Listen to your doctor.** |
| No la escuches. | **Don't listen to her.** |
| Silencio, por favor. Intento escuchar. | **Quiet, please. I'm trying to listen.** |
| ¿Escuchas música a menudo? | **Do you listen to music often?** |
| Nunca escuchas lo que digo. | **You never listen to what I say.** |
| ¿Quieres escuchar esta canción? | **Do you want to listen to this song?** |
| ¿Puedes escuchar un minuto? | **Can you listen for a minute?** |
| ¿Por qué no escuchas nunca mi programa? | **Why don't you ever listen to my show?** |

**1.** ¿ *"Listen to"* o *"listen"* a secas?

Do you like to listen _____ jazz?

A lot of people just don't listen _____ others.

She doesn't listen _____ when he talks.

Listen _____ that sound. It's beautiful!

I wanted to know if you were listening _____.

**2.** ¿Qué tienen en común estas seis palabras?

( **listen** )   ( **castle** )   ( **often** )   ( **ballet** )   ( **whistle** )   ( **mortgage** )

**3.** ¡Gymnasia verbal!

| | | |
|---|---|---|
| Ed doesn't listen to the radio in his car. | EN AFIRMATIVO | *Ed listens to the radio in his car.* |
| I'll listen to the King's speech next year. | EN NEGATIVO | |
| He didn't listen to you. | EN AFIRMATIVO | |
| This dog listens to his owner. | EN NEGATIVO | |
| They won't listen to us. | EN AFIRMATIVO | |
| I listened to the whole presentation. | EN NEGATIVO | |

Encontrarás las respuestas al final del libro.

## featuring /~~yes~~/ vs /iés/

La letra **"y"** en inglés suena como la **'hi'** de **'hielo'**. Es decir, el sonido de la **"y"** inglesa se parece mucho más a una 'i' que a una 'll' o una 'y' castellanas.

Tan sólo ten cuidado de que no se te junte la lengua con el paladar al pronunciarla. ¡Y a practicar!

| | |
|---|---|
| yes **/hiés/** | yesterday **/hiéstadei/** |
| you **/hiú/** | young **/hiang/** |
| yellow **/hiélou/** | yoghurt **/hióguet/** |
| yet **/hiét/** | year **/hía/** |

Una manera de fijar en tu cabeza nuestra manera de pronunciar la **"y"** es escuchar la canción Yo-yo del grupo Basement Jaxx. ¡Ya verás que con escucharla una vez bastará!

Además te recomendamos que leas las siguientes frases en voz alta. De hecho, cuanto más leas en voz alta, aun sin entender lo que lees, más mejorará tu pronunciación y tu fluidez. ¡Vamos allá! **/aiá/**;)

**You like yelling at yawning people, don't you?**

**Young Yankees who do yoga in Yemen are usually yuppies.**

**Yogi Bear eats yummy yellow yam yoghurt every morning.**

**Both Yoda and Yao Ming have loads of yens and yuans.**

## el sonido /chll/ más o menos...

El sonido de la letra "**j**" en inglés, y el de la "**g**" en muchas palabras, se acerca mucho más a una '**ch**' que a una '**y**', sin ser una '**ch**' pura y dura. Es algo más suave y la representaremos así /**chll**/.

Como es una consonante sonora, al pronunciarla deberían vibrarte las cuerdas vocales. Para comprobar si lo estás haciendo bien, ponte la mano en la garganta, a ver si hay movimiento. ¡Y a vibrar se ha dicho!

| | | |
|---|---|---|
| jet **/chllet /** | project **/próchellkt/** | imagine **/imáchllin/** |
| jew **/chllu/** | gel **/chllel/** | manager **/mánachlla/** |
| jam **/chllam/** | job **/chllob/** | John **/chllon/** |

Abajo tienes algunas de las palabras que se pueden confundir, si se cambian los sonidos de la "**j**" y la "**g**" por el de la "**y**":

| | | |
|---|---|---|
| jew **/chllu/** | is not the same as | you **/hiú/** |
| jet **/chllet/** | is not the same as | yet **/hiét/** |
| jam **/chllam/** | is not the same as | yam **/hiám/** |
| gel **/chllel/** | is not the same as | yell **/hiél/** |
| gin **/chllin/** | is not the same as | yin **/hin/** |
| joke **/chllóuk/** | is not the same as | yoke **/hióuk/** |

En cada una de estas dos series hay un elemento que no encaja. ¿Cuáles son y por qué?

**a)** George Washington, John Adams, Thomas Jefferson, Steve Jobs, James Madison.

**b)** John Tyler, Andrew Jackson, Gerald Ford, Benjamin Harrison, Abraham Lincoln.

# Got it? 4

¿Ya dominas los cinco errores anteriores? ¡Compruébalo a toda velocidad! **READY? SET? GO!**

**TRADUCE:**

Vivo en Londres desde hace dos semanas.

_____

**CORRIGE:**

She's been waiting since twenty minutes.

_____

**TRADUCE:**

Esto no es lo mismo que aquello.

_____

**FORMULA LA PREGUNTA PARA ESTA RESPUESTA:**

I was sixteen.

_____

**CORRIGE:**

I open the door?

_____

**TRADUCE:**

¿De verdad tienes setenta y seis años?

_____

**DILO EN AFIRMATIVO:**

Don't listen to what he says.

_____

**CORRIGE:**

Is European football the same that American football?

_____

**TRADUCE:**

¿Hago la cama?

_____

## CORRIGE:

Billy the Kid was twenty-two years
when he died.

_____
_____

## TRADUCE:

¿Escuchas la radio a menudo?

_____

## DILO EN AFIRMATIVO:

He didn't listen to them.

_____

## CORRIGE:

It's been raining during ten days!

_____

## TRADUCE:

¿Te llamo en otro momento?

_____

## DILO EN PASADO SIMPLE:

Grandma's ninety-four.

_____

## CORRIGE:

You know the same that I do.

_____

## TRADUCE:

¿Bailamos?

_____

## DILO EN NEGATIVO:

The Queen will listen to my speech
this year.

_____
_____

## TRADUCE:

Te he estado observando.

_____

## CORRIGE:

One minute is the same than sixty
seconds.

_____
_____

# error 21

> **Do you see me? I don't hear you and I don't find my glasses.**

No es que estén prohibidas las frases con *"see"*, *"hear"* y *"find"*, es que con estos verbos solemos usar *"can"* / *"can't"* como auxiliar. ¡Con "do" suenan rarísimos!

> **Can you see me? I can't hear you and I can't find my glasses.**

Así es como diríamos '**¿Me ves? No te oigo y no encuentro las gafas**' ¡Con *"see"*, *"hear"* y *"find"* es cuestión de '**poder**'!

¡Más ejemplos! Grábatelo: lo normal en inglés es decir literalmente 'No puedo encontrar las gafas', *"I can't find my glases"* (y fíjate que son *"my glasses"*, no *"the glasses"*).

| | |
|---|---|
| ¡No te oigo, la conexión es muy mala! | **I can't hear you, the line's very bad!** |
| ¿Ves mi teléfono por algún lado? | **Can you see my phone anywhere?** |
| No encontré la mía, así que cogí la tuya. | **I couldn't find mine so I took yours.** |
| Ya lo veo. | **I can see that.** |
| ¿No oyes el timbre de la puerta? | **Can't you hear the doorbell?** |
| Dicen que se puede encontrar en internet. | **They say you can find it on the internet.** |
| Ahí está la casa de John. ¿La ves? | **There's John's house. Can you see it?** |
| ¿Me oyes tú? ¡Yo no oigo nada! | **Can you hear me? I can't hear a thing!** |
| Stan no encuentra las llaves del coche. | **Stan can't find his car keys.** |
| Todo ha cambiado. ¿No lo ves? | **Everything's changed. Can't you see?** |

**1.** Marca bien la *"t"* de *"can't"* para distinguir el negativo del afirmativo en las siguientes respuestas cortas:

| | |
|---|---|
| Can you find your socks? | Di que no. |
| Can she see us from there? | Di que sí. |
| Can you hear that noise? | Di que sí. |
| Can he find a job in France? | Di que no. |
| Can you see them coming? | Di que no. |
| Can you see who's calling? | Di que sí. |

**2. Quick!** Can you find three English words where the *"s"* in *"su"* is pronounced **/shhh/**?

**3.** Pon en inglés las preguntas que corresponderían a estas respuestas.

| | | |
|---|---|---|
| ¿Tu perro te oye? | *Are you coming on Tuesday?* | No, my dog can't hear me. |
| ¿Tu perro te escucha alguna vez? | | No, my dog never listens to me. |
| ¿Me puedes escuchar un segundo? | | Yes, I can. |
| ¿Oyes eso? | | No, I can't. |
| ¿Lo escuchas todos los días? | | Yes, I do. |
| ¿Oyes lo que están diciendo? | | Yes, I can. |
| ¿Están escuchando? | | No, they aren't. |

Encontrarás las respuestas al final del libro.

# error 22

**What ~~means~~?**

*"What means?"* significa '**¿Qué medios?**', mientras que *"What does it mean?"* sería '**¿Qué significa?**'.

**What does it mean?**

En *"What means?"*, *"means"* es un sustantivo y en *"What does it mean?"*, *"mean"* es un verbo, que necesita al auxiliar *"does"* en la pregunta.

¡Más ejemplos! En preguntas con el verbo *"to mean"*, '**significar**', no te saltes el auxiliar *"does"* sólo porque la pregunta empiece por *"what"*. Recuerda: '**¿Qué significa?**' es *"WHAT DOES IT MEAN"*?

| | |
|---|---|
| ¿Qué significa esa palabra? | **What does that word mean?** |
| ¿Eso qué significa? | **What does that mean?** |
| ¿Qué significa esto? | **What does this mean?** |
| ¿Qué significa "to focus"? | **What does "to focus" mean?** |
| ¿Qué significa tu nombre? | **What does your name mean?** |
| ¿Qué significa la palabra "asleep"? | **What does the word "asleep" meaning?** |
| ¿Qué significa "blindfolded"? | **What does "blindfolded" mean?** |
| ¿Qué significa la palabra "stingy"? | **What does the word "stingy" mean?** |
| ¿Qué significa ese verbo? | **What does that verb mean?** |
| ¿Qué significa "mortgage"? | **What does "mortgage" mean?** |

**1.** Formula las preguntas para las siguientes respuestas:

It means 'hipoteca'.      *What does "mortgage" mean?*

It means 'tacaño'.

It means 'centrarse'.

It means 'con los ojos vendados'.

It means 'dormido'.

It means 'medios'.

**2.** Fíjate en cómo solemos expresar si algo o alguien significan mucho o nada para nosotros, (con **"to"** en lugar de *"for"*) y ¡sustituye a la gente con pronombres!

You mean a lot to Frank / **him**.

He means nothing to Rachel / _____.

Thank you, that means a lot to your mother and me / _____.

This job means a lot to Victor and Mary / _____.

Those words mean nothing to her husband / _____.

**3. Quick!** What does *"You mean the world to me"* mean?

- You mean nothing to me.
- You mean a lot to me.

Encontrarás las respuestas al final del libro.

# error 23

**You are Michael, ~~¿no?~~**

Hemos puesto un signo de interrogación delante de ese *"¿no?"*, porque es más *Spanglish* que otra cosa. ¡Ese *"¿no?"* es Spanglish sin la *"g"* y sin la *"l"*!

**You are Michael, aren't you?**

En inglés formamos estas preguntas coletilla o *tag questions* dándole la vuelta al sujeto y al verbo. Aquí, *"You are"* (afirmativo) se convierte en *"aren't you?"* (negativo).

¡Más ejemplos! De momento nos ceñiremos a *tag questions* con el verbo *"to be"*, de modo que en las frases, éste será bien el verbo principal o bien el auxiliar.

| | |
|---|---|
| Eres una de ellas, ¿no? | **You're one of them, aren't you?** |
| Hace un poco de frío, ¿no? | **It's a bit cold, isn't it?** |
| Es muy buen profesor, ¿no? | **He's a really good teacher, isn't he?** |
| Estaban todos allí, ¿no? | **They were all there, weren't they?** |
| La Sra. Smith era muy inteligente, ¿no? | **Mrs. Smith was really bright, wasn't she?** |
| No estábamos en el sitio que era, ¿no? | **We weren't in the right place, were we?** |
| No lo dices en serio, ¿no? | **You're not serious, are you?** |
| No iba a pasar, ¿no? | **It wasn't going to happen, was it?** |
| Vas a pagar eso, ¿no? | **You're going to pay for that, aren't you?** |
| Ése es Michael, ¿no? | **That's Michael, isn't it?** |

**1.** Añade tag questions con: *"are"*, *"aren't"*, *"were"* o *"weren't"*.

These are too big, **aren't they**?

You weren't with them, _____?

We're still friends, _____?

You aren't leaving, _____?

We're not going back there, _____?

My keys were on my desk, _____?

**2.** Ahora con: *"is"*, *"isn't"*, *"was"* o *"wasn't"*.

It's not Monday again, _____?

Nathan's mum's a singer, _____?

Your brother wasn't home, _____?

That was a great movie, _____?

Today is Friday, _____?

That's not my wife on TV, _____?

**3. Quick!** ¿Cómo será la *tag question* de *"I'm late"*? Pues lo natural es decir *"I'm late, aren't I"*? En cambio, si la frase empieza por *"I'm not"*, la pregunta coletilla será *"am I?"* ¡Un par más!

I'm not in your way, _____?

I'm in the right building, _____?

I'm coming with you, _____?

I'm not interrupting, _____?

Encontrarás las respuestas al final del libro.

# error 24

Luis is ~~more~~ taller than Charlie

¡Estamos de suerte! Para corregir este error basta con quitar *"more"*, porque *"taller"* ya es el comparativo de *"tall"*.

**Luis is taller than Charlie**

Es decir, *"taller"* es 'más alto', por lo que *"more taller"* equivaldría a 'más más alto'.

¡Más ejemplos! A los adjetivos de una sílaba, les añadimos *"-er"* en lugar de poner *"more"* delante.

| | |
|---|---|
| Kobe no es más alto que Pau, es más bajo que él. | **Kobe isn't taller than Pau, he's shorter than him.** |
| Julia es un poco más joven que su hermana. | **Julia's a little younger than her sister.** |
| El amor es más fuerte que el orgullo. | **Love is stronger than pride.** |
| Estoy segura de que el Nilo es más ancho que el Támesis. | **I'm sure the Nile is wider than the Thames.** |
| ¿No es mejor la película que el libro? | **Isn't the movie better than the book?** |
| Yo creo que la película es peor que el libro. | **I think the movie is worse than the book.** |
| No te preocupes. Es más fácil de lo que parece. | **Don't worry. It's easier than it looks.** |
| ¡Yo creo que es más difícil de lo que parece! | **I think it's harder than it looks!** |
| ¿Es este vaso más grande que ése? | **Is this glass bigger than that one?** |
| ¡Siempre has sido más listo que yo! | **You've always been smarter than me!** |

**1.** What do you think?

Is a mile longer than a kilometer or a kilometer longer than a mile?

Is the Eiffel Tower older than the Tower of Pisa or is the Tower of Pisa older?

Are penguins smarter than dolphins or are dolphins smarter than penguins?

Are humans faster runners than hippos or are hippos faster than humans?

Is a melon sweeter than a lemon or a is lemon sweeter than a melon?

Are male hippos heavier than female hippos or are females hippos heavier than males?

**2.** Think about this:

   **a)** ¿Qué pasa con comparativos como: *"prettier"*, *"happier"*, *"funnier"*, *"easier"*, *"busier"* o *"heavier"*?

   **b)** ¿Cuál de estos comparativos no encaja y por qué? *"hotter"*, *"longer"*, *"fatter"*, *"flatter"*, *"thinner"*.

**3.** *"Syria"* vs *"Soria"*. In other words...

Syria's bigger than Soria. In other words, <u>Soria's smaller than Syria</u>.

rich - poor

warm - cold

dry - wet

Encontrarás las respuestas al final del libro.

# error 25

**Do you know what time ~~is it?~~**

Aquí oímos: *"Do you know?"*, '¿Sabes?', *"What time is it?"*, '¿Qué hora es?'. Raro...

**Do you know what time it is?**

Sólo habría que cambiar *"is it"* por *"it is"*, ya que forman parte de una pregunta indirecta (*"...what time it is"*), para obtener '**¿Sabes qué hora es?**'.

¡Más ejemplos! En preguntas indirectas no se invierte el orden normal del sujeto y el verbo, ni hay auxiliares, ni nada.

| | |
|---|---|
| ¿Sabes qué es esto? | **Do you know what this is?** |
| ¿Sabes dónde está nuestro hotel? | **Do you know where our hotel is?** |
| ¿Sabes cómo se llama ella? | **Do you know what her name is?** |
| ¿Sabes cuánto es? | **Do you know how much it is?** |
| ¿Sabes lo que eso significa? | **Do you know what that means?** |
| ¿Sabes dónde está Mongolia? | **Do you know where Mongolia is?** |
| ¿Sabes cómo está Mary? | **Do you know how Mary is?** |
| ¿Sabes lo que quiero decir? | **Do you know what I mean?** |
| ¿Sabes quién soy? | **Do you know who I am?** |
| ¿Sabes dónde estamos? | **Do you know where we are?** |

**1.** Forma preguntas indirectas como en el ejemplo.

How old is Richard?                  Do you know **how old Richard is**?

When's his birthday?

What's the date?

How many are there?

Where's my car?

Who's that girl?

**2.** What is it? Read and guess!

Do you want to know how many hands it has? It has two hands.

Do you want to know how many faces it has? It has one face.

Do you want to know how many arms it has? It has no arms.

Do you want to know how many legs it has? It has no legs.

Do you want to know how many numbers it has? It has 12 numbers.

**3.** What is it? Make a guess!

Do you want to know how many rivers it has? It has a few rivers.

Do you want to know how much water it has? It has no water.

Do you want to know how many forests it has? It has a few forests.

Do you want to know how many trees and animals it has? It has no trees or animals.

Do you want to know how many cities it has? It has a few cities, with no people in them.

Encontrarás las respuestas al final del libro.

## Got it? 5

¿Ya dominas los cinco errores anteriores? ¡Compruébalo a toda velocidad! *READY? SET? GO!*

**CORRIGE:**

I don't see you. Where are you? _____

**CORRIGE:**

That's Michael, isn't he? _____

**TRADUCE:**

Esta calle es más ancha que ésa. _____

**CONVIERTE EN PREGUNTA INDIRECTA:**

What's this? Do you know _____?

**CORRIGE:**

I'm more younger than you. _____

**TRADUCE:**

Tu ayuda significa mucho para mí. _____

**CORRIGE:**

London isn't more bigger than New _____
York, is it? _____

**CONVIERTE EN PREGUNTA INDIRECTA:**

Where's the cat? Do you know _____?

**TRADUCE:**

¿Lo encuentras? _____

**CORRIGE:**

¿Lo encuentras? _____

**CONVIERTE EN PREGUNTA INDIRECTA:**

What's his name?

Do you know _____?

**TRADUCE:**

¿Oyes el timbre de la puerta?

_____

**CORRIGE:**

What does it means?

_____

**CORRIGE:**

What means that word?

_____

**TRADUCE:**

(ella) Es profesora, ¿no?

_____

**CORRIGE:**

Do you hear what they're saying?

_____

**TRADUCE:**

¿Qué quiere decir eso?

_____

**CORRIGE:**

Chinese is more easyer than
Japanese.

_____

_____

**CONVIERTE EN PREGUNTA INDIRECTA:**

What time is it?

Do you know _____?

**CORRIGE:**

It was snowing, isn't it?

_____

# error 26

**I saw it ~~the~~ last week**

¿Lo viste la última semana? ¿La última semana que qué?

**I saw it last week**

¡A-ha! Dicho sin *"the"*, entendemos que lo viste la semana pasada.

¡Más ejemplos! Con **_"next"_** también omitimos "the" para expresar **'la semana que viene'**, **_"next week"_**.

| | |
|---|---|
| ¿Estuviste en Nueva York el mes pasado? | **Were you in New York last month?** |
| No fui al trabajo la semana pasada. | **I didn't go to work last week.** |
| ¿Hubo un festivo religioso la semana pasada? | **Was there a religious holiday last week?** |
| El viernes pasado se lo perdió mucha gente. | **A lot of people missed it last Friday.** |
| Salimos a comer dos veces el mes pasado. | **We went out for lunch twice last month.** |
| Arthur y Meg se mudan la semana que viene. | **Arthur and Meg are moving next week.** |
| ¿Hará más calor la semana que viene? | **Will it be warmer next week?** |
| ¿La boda de Paul es el mes que viene? | **Is Paul's wedding next month?** |
| Estarán más ocupados el año que viene. | **They'll be busier next year.** |
| ¡Hasta el martes que viene! | **See you next Tuesday!** |

**1.** Escucha justo el principio de la canción "Last Christmas", de *Wham* y responde:

- What happened to the singer last Christmas?
- What happened the very next day? (Por cierto, el uso de **"very"** en **"the very next day"** es meramente enfático).

**2.** Asegúrate de incluir las expresiones de tiempo con **"last"** o **"next"** en tus respuestas:

What time did you get up last Saturday?

What time are you planning to get up next Saturday?

What did you have for lunch last Monday?

What are you planning to have for lunch next Monday?

Who did you have dinner with last Thursday?

Who are you planning to have dinner with next Thursday?

**3.** Piensa, escribe y di en voz alta al menos tres cosas que te ocurrieron **'el año pasado'**, **"last year"**, y otras tantas que planees para **'el año que viene'**, **"next year"**.

**4.** ¡Una cosita más! ¿Conoces la canción "My Brown Eyed Girl" de *Van Morrison*? En el tercer verso de la tercera estrofa después del estribillo y todo el sha-la-la-la, canta...

I saw you just **the other day**

Y es justo así como decimos **'el otro día'**, **"the other day"**, y no *"the last day"*, como piensan muchos hispanohablantes.

Encontrarás las respuestas al final del libro.

# error 27

**It's an special occasion**

Sí que es una ocasión especial, para recordar el uso de **"a"** y **"an"**.

**It's a special occasion**

En esta ocasión usaríamos **"a"**, puesto que **"special"** no empieza por un sonido vocálico.

¡Más ejemplos! **"A"** precede a sonidos de consonante (**"a star"**) y del sonido **/iu/** (**"a union"**); **"an"** va delante de sonidos vocálicos (**"an app"**, **"an uncle"**).

| | |
|---|---|
| Puedo hacer una tortilla, pero no una tortilla española. | **I can make an omelet, but not a Spanish omelet.** |
| ¡Te veo en una hora! | **See you in an hour!** |
| ¿Eres alumna o profesora? | **Are you a student or a teacher?** |
| Es universitaria. | **She's a university student.** |
| ¿Crees que Steve es un tipo honesto? | **Do you think Steve's an honest guy?** |
| ¡Qué historia más interesante! | **What an interesting story!** |
| ¿Había una señal de stop? | **Was there a stop sign?** |
| ¡Qué consejo más útil! | **What a useful tip!** |
| Una hormiga es un insecto más pequeño. | **An ant's a smaller insect.** |
| ¿Ves un hospital al lado de un hotel? | **Can you see a hospital next to a hotel?** |

**1.** ¿ *"A"* o *"an"*? Dilo en voz alta ¡a toda velocidad!

| | | | |
|---|---|---|---|
| spirit | *a spirit* | space | _____ |
| egg | | stomachache | |
| helicopter | | eye | |
| umbrella | | style | |
| university | | holiday | |
| uncle | | honour | |

**2.** Mira a tu alrededor y nombra 5 cosas con *"a"* delante y otras 5 con *"an"*. Haz algo así:

| | |
|---|---|
| That's a calendar. | That's an apple. |
| That's a wall. | That's an interesting painting. |
| That's a unique sculpture. | That's an elephant! |
| That's a chair. | That's an open door. |
| And that's a strange object. | And that's an imaginary flower. |

**3.** What do they do?

| | |
|---|---|
| J.K. Rowling | *She's an author.* |
| Angelina Jolie | |
| Norman Foster | |
| Buzz Lightyear | |
| Indiana Jones | |
| Veronica Campbell | |

Encontrarás las respuestas al final del libro.

# error 28

**Can you say this ~~without to make~~ any mistakes?**

¡Claro que puedes decir esto sin cometer errores!

**Can you say this without making any mistakes?**

Basta con cambiar *"to make"* por *"making"*, ya que va después de *"without"*.

¡Más ejemplos! Al ser *"without"* una preposición, el verbo que le siga irá en gerundio (terminación *"-ing"*).

| | |
|---|---|
| Se me cayó sin darme cuenta. | **I dropped it without realizing it.** |
| Probablemente Sue lo hizo sin darse cuenta. | **Sue probably did it without meaning to.** |
| Deja la escena sin tocar nada. | **Leave the scene without touching anything.** |
| Puedo correr sin parar durante treinta minutos. | **I can run without stopping for thirty minutes.** |
| No tomes una decisión sin pensártelo bien. | **Don't make a decision without thinking it through.** |
| Tendrás éxito sin intentarlo siquiera. | **You'll succeed without even trying.** |
| ¿Cuánto puedes estar sin comer? | **How long can you go without eating?** |
| Se puede estar más tiempo sin beber. | **You can go longer without drinking.** |
| ¿Puedes cocinar sin mancharlo todo? | **Can you cook without making a mess?** |
| ¿Puedes llevar esta jarra sin verter agua? | **Can you carry this jug without spilling any water?** |

**1.** Da respuestas largas, como en el ejemplo.

| | |
|---|---|
| Can you go for a whole year without catching a cold? | *Yes, I can go for a whole year without catching a cold* |
| Can you go for a week without saying a word? | |
| Can you go for a month without having any coffee? | |
| Can you go for four days without using a phone? | |
| Can you go for a month without buying anything? | |
| Can you go for six days without sleeping? | |

**2.** What does the following expression mean?

*"It goes without saying"*

**a)** Se va sin decir nada

**b)** Ni que decir tiene

**c)** Va sin decírselo

**3.** ¿Cuál de las siguientes expresiones equivale a **'sin rodeos'**?

**a)** Without looking back

**b)** Without paying any attention to detail

**c)** Without beating around the bush

Encontrarás las respuestas al final del libro.

# error 29

**I ~~use~~ to get up at 7**

Ha faltado una *"d"* para decir '**Me solía levantar a las 7**' o '**Antes me levantaba a las 7**': "*I used to get up at 7*".

**I usually get up at 7**

Por otro lado, '**Me suelo levantar a las 7**' se expresa con *"usually"* y el verbo *"get up"* en este caso.

¡Más ejemplos! *"Used to"* se refiere única y exclusivamente al pasado y "use to" es una invención de algún alumno de inglés desalmado.

| | |
|---|---|
| Antes me iba a la cama sobre las 10. | **I used to go to bed at around 10.** |
| Suelo irme a la cama sobre las 11. | **I usually go to bed at around 11.** |
| Antes Mark vivía en la casa al lado de la mía. | **Mark used to live in the house next to mine.** |
| Mark suele salir de casa a las 8. | **Mark usually leaves home at 8.** |
| Antes llovía con más frecuencia. | **It used to rain more often.** |
| Suele llover más a menudo en otoño. | **It usually rains more often in the fall.** |
| ¿Qué sueles desayunar? | **What do you usually have for breakfast?** |
| Suelo tomar tostadas y una taza de café. | **I usually have toast and a cup of coffee.** |
| Solía tomar cereales cuando era más joven. | **I used to have cereal when I was younger.** |
| Cuando era más joven, dormía más. | **I used to sleep longer when I was younger.** |

**1.** Ve del pasado al presente y viceversa.

| | |
|---|---|
| Martha used to go there on Mondays. | *Martha usually goes there on Mondays.* |
| John usually does the shopping. | *John used to do the shopping.* |
| Diana used to work night shifts. | |
| Andrea used to watch the 6 o'clock news. | |
| Darryl usually finishes work before noon. | |
| George used to call his mum every day. | |
| Sally used to eat everything on her plate. | |

**2.** Di 3 cosas que solías hacer cuando eras más joven y 3 que sueles hacer hoy en día. Por ejemplo:

I used to study harder when I was younger.

I used to eat a lot when I was younger.

I used to go out every weekend when I was younger.

I usually drive to work in the morning.

I usually walk my dog in the evening.

I usually do the dishes after lunch.

**3.** ¿Qué le ocurre de repente, **_"suddenly"_**, a Paul McCartney en la canción "Yesterday"?

Encontrarás las respuestas al final del libro.

# error 30

**I'm use to get up early**

No estamos repitiendo el error anterior. Lo que se intentaba decir aquí es '**Estoy acostumbrado a levantarme temprano**'.

**I'm used to getting up early**

*"I'm used to"* es '**Estoy acostumbrado a**' y *"getting"* va en gerundio, porque el *"to"* de *"I'm used to"* es una preposición, no parte de un infinitivo.

¡Más ejemplos! '**Estar acostumbrado a algo**' es *"to be used to something"* y '**acostumbrarse a algo**', *"to get used to something"*.

| | |
|---|---|
| Acostúmbrate. | **Get used to it.** |
| No te preocupes, estoy acostumbrada. | **Don't worry, I'm used to it.** |
| No estoy acostumbrado a comer a las tres. | **I'm not used to having lunch at three.** |
| Todavía me estoy acostumbrando. | **I'm still getting used to it.** |
| Es difícil acostumbrarse a hacerlo así. | **It's hard to get used to doing it this way.** |
| Está acostumbrado a hacerlo a su manera. | **He's used to doing it his way.** |
| Mi gata no está acostumbrada a bañarse. | **My cat's not used to having a bath.** |
| ¿Crees que te acostumbrarás a comer eso? | **Do you think you'll get used to eating that?** |
| ¿Estás acostumbrada a trabajar bajo presión? | **Are you used to working under pressure?** |
| Estoy acostumbrado a trabajar desde casa. | **I'm used to working from home.** |

**1.** Teniendo en cuenta que el náufrago Harry lleva sólo un día en la isla, what do you think?

| | |
|---|---|
| Is he used to sleeping on the beach yet? | *No, he's not used to sleeping on the beach yet. He's still getting used to it.* |
| Is he used to being alone yet? | |
| Is he used to walking barefoot yet? | |
| Is he used to the monkeys yet? | |
| Is he used to the heat yet? | |

**2.** Haz con *"to do the shopping on Fridays"* lo que nosotros hemos hecho abajo con *"to have toast for breakfast"*.

| | |
|---|---|
| Suelo desayunar tostadas. | I usually have toast for breakfast. |
| Antes desayunaba tostadas. | I used to have toast for breakfast. |
| Estoy acostumbrada a desayunar tostadas. | I'm used to having toast for breakfast. |
| Me estoy acostumbrando a desayunar tostadas. | I'm getting used to having toast for breakfast. |

**3.** ¡A rellenar huecos!

| | |
|---|---|
| Antes cenaba cereales.. | I _____ cereal for dinner. |
| Me estoy acostumbrando a cenar cereales. | I'm _____ cereal for dinner. |

Encontrarás las respuestas al final del libro.

## featuring /vvvéri/ vs /béri/

Por algo será que en inglés existe '**un trabalenguas**', *"a tongue-twister"*, que consiste en repetir "very berry" hasta que se te pone la cara morada como una *"berry"* o '**baya**'. ¡Coge aire y dale!

/vvvéri_béri/ /vvvéri_béri/ /vvvéri_béri/ /vvvéri_béri/

/vvvéri_béri/ /vvvéri_béri/ /vvvéri_béri/ /vvvéri_béri/

/vvvéri_béri/ /vvvéri_béri/ /vvvéri_béri/ /vvvéri_béri/

Y es que este trabalenguas contiene los sonidos de la *"v"* y la *"b"*, que son difíciles de pronunciar si van muy seguidas.

Antes de continuar practicándolas juntas, centrémonos en la **/vvvv/** de *"very"*. Aunque en castellano la '**v**' suene como la '**b**', en inglés la *"v"* es sonora o vibrada (pronúnciala como una *"f"* vibrando las cuerdas vocales); y la *"b"* de **Bob** es bastante más explosiva que la '**b**' de '**baba**'.

Practica tu sonido **/vvv/** con las siguientes palabras:

| | |
|---|---|
| very **/vvvéri/** | volcano **/vvvolkéinou/** |
| victory **/vvvíctori/** | volley **/vvvóli/** |
| voice **/vvvois/** | valley **/vvváli/** |
| velcro **/vvvvélcrou/** | victim **/vvvíktimmm/** |

Ponte la mano en la garganta para comprobar cómo te vibran las cuerdas vocales al pronunciar la *"v"* /vvvv/ mientras lees el párrafo de abajo. Otra manera de comprobar si lo estás haciendo bien es si te hacen cosquillas los labios al expulsar el aire.

Beverly Velvetbones lives on Billabong Avenue in Beverly Hills. Every week she passes by a beverage store on her way home, but she never buys any beverages because she always brings very heavy bibles back from work.

Ask a friend...

| | |
|---|---|
| If beavers live in burrows or in caves. | (You) Do beavers live in burrows or in caves? |
| If she/he has ever been inside a beaver's burrow. | (You) Have you ever been inside a beaver's burrow? |
| If veggie burgers are made of Brussels sprouts. | (You) Are veggie burgers made of Brussels sprouts? |
| What her/his favourite beverage is. | (You) What's your favourite beverage? |
| If she/he is available to play volleyball in the evenings. | Are you available to play volleyball in the evenings? |

Good luck!

# Got it? 6

¿Ya dominas los cinco errores anteriores? ¡Compruébalo a toda velocidad! *READY? SET? GO!*

**CORRIGE:**

¿Puedes decirlo sin reírte? _____

**CORRIGE:**

We went to an Spanish restaurant. _____

**TRADUCE:**

Suelo irme a la cama sobre las 11. _____

**PON EN PASADO SIMPLE:**

It'll be in New York next week. _____

**CORRIGE:**

How can you drive without to pay _____
any attention to the road? _____

**TRADUCE:**

Antes llovía con más frecuencia. _____

**CORRIGE:**

What an useful tip! _____

**PON EN FUTURO CON "WILL":**

I didn't go to work last week. _____

**CAMBIA EL SUJETO POR "SHE":**

I used to live on an island. _____

**TRADUCE:**

Todavía me estoy acostumbrando a _____
trabajar los domingos. _____

Are you still getting used to be alone?

_____

_____

**CORRIGE:**

My dog's used to eat once a day.

_____

**CORRIGE:**

See you the next week!

_____

**CORRIGE:**

A eye for a eye...

_____

**TRADUCE:**

La vi el otro día.

_____

**TRADUCE:**

Estoy acostumbrado a verlas juntas.

_____

**TRADUCE:**

Se le cayó (a él) sin darse cuenta.

_____

**CORRIGE:**

Did you tell them without to think about the consequences?

_____

_____

**¿CUÁL ES LA PREGUNTA PARA ESTA RESPUESTA?**

Mark usually leaves home at 8.

_____

**CORRIGE:**

Is that an helicopter?

_____

# error 31

**I have two millions ~~of~~ friends**

No importa si tienes *"two million"* o *"twenty million friends"*: cuando a *"million"* le precede un número, *"million"* siempre va en singular.

**I have two million friends**

Otra cosa que hacemos cuando vemos un número delante de *"million"* es comernos la preposición *"of"* con patatas.

¡Más ejemplos! Compara *"I have two million friends"* y *"I have millions of friends"*.

| | |
|---|---|
| ¿Tienes cinco millones de dólares? | **Do you have five million dollars?** |
| Sí, tengo cinco millones de dólares. | **Yes, I have five million dollars.** |
| ¿Llevas los cinco millones encima? | **Do you have the five million on you?** |
| ¡Claro que no! Tengo tres millones en el banco y dos millones encima. | **Of course not! I have three million in the bank and two million on me.** |
| ¿Por qué llevas dos millones de dólares? | **Why do you have two million dollars on you?** |
| ¿Por qué quieres saber por qué llevo dos millones de dólares encima? | **Why do you want to know why I have two million dollars on me?** |
| Quiero saber por qué llevas dos millones de dólares encima, porque me vendrían bien dos millones de dólares ahora mismo. | **I want to know why you have two million dollars on you, because I could do with two million dollars right now.** |

**1.** Como **"money"** es un sustantivo incontable, lleva el verbo en singular. (Decimos **"there is two million"** y no *"there are two million"*).

| | | |
|---|---|---|
| How much money is there in bank account A? | A €6,000,000 | There's six million euros in bank account A. |
| How much money is there in bank account B? | B £5,000,000 | |
| How much money is there in bank account C? | C $7,000,000 | |
| How much money is there in bank account D? | D €3,000,000 | |
| How much money is there in bank account E? | E £8,000,000 | |
| How much money is there in bank account F? | F $9,000,000 | |

**2.** What do you think?

Is having 4 million friends the same as having 4 million euros?

Is having 10 million hours the same as having 10 million dollars?

Is having 15 million things to do the same as having 15 million problems?

**3.** ¿Qué tal esas matemáticas?

If Bob has 256 million followers on Twitter in the morning and only half of them in the evening, how many did he have in the morning? And what has he done to lose 128 million followers in one day?

Encontrarás las respuestas al final del libro.

# error 32

**I'll call you when I ~~will~~ finish**

En inglés no decimos esto, igual que en castellano no decís 'Te llamo cuando acabaré', sino **'Te llamo cuando acabe'**.

**I'll call you when I finish**

Fíjate en que la parte que sigue a *"when"* no lleva *"will"*, mientras que *"I'll call you"*, sí.

¡Más ejemplos! **'Cuando'** + presente de subjuntivo (**'cuando acabe'**) = *"when"* + present simple (*"when I finish"*).

| | |
|---|---|
| Te aviso cuando lleguen (aquí). | I'll let you know when they get here. |
| Se va a alegrar mucha gente cuando lo cojan. | A lot of people will be happy when they catch him. |
| Avísame cuando estés lista. | Let me know when you're ready. |
| Estaremos allí cuando abran las tiendas. | We'll be there when they open the shops. |
| Se volverá loca cuando vea el estado de su coche. | She'll go crazy when she sees the state of her car. |
| ¿Qué pasará cuando te vayas? | What will happen when you leave? |
| ¿Adónde iremos cuando empiece a llover? | Where will we go when it starts to rain? |
| ¿Qué pensará Bill cuando lo lea? | What will Bill think when he reads it? |
| ¿Qué le dirás cuando lo conozcas? | What will you tell him when you meet him? |
| Espero que no llore cuando lo abra. | I hope he won't cry when he opens it. |

**1.** Lee primero:

What will happen when the poles melt? → When the poles melt, people will live on boats. And what will happen when people live on boats? → When people live on boats, they'll travel everywhere by boat. And what will happen when people travel everywhere by boat? → When people travel everywhere by boat, they won't need to pack anymore.

In conclusion: When the poles melt, people won't need to pack anymore every time they go travelling.

**2.** Ahora crea tu propia cadena de acontecimientos:

What will happen when...

**3.** What does the following expression mean?

- We'll cross that bridge when we come to it.
  - **a)** Nos ocuparemos de eso cuando nos toque.
  - **b)** Cruzaremos ese puente cuando lleguemos a él.

Encontrarás las respuestas al final del libro.

# error 33

~~We have english class the tuesdays~~

Mmm ¿y no os enseñan que los idiomas, los gentilicios, los días y los meses empiezan con mayúscula en inglés?

**We have English class on Tuesdays**

Además, ¡'**los martes**' se dice *"on Tuesdays"*!

¡Más ejemplos! Nos choca ver cosas como *"monday"*, *"july"* o *"spanish"*, en lugar de *"Monday"*, *"July"* y *"Spanish"*.

| | |
|---|---|
| Hoy es jueves, 26 de febrero. | **Today is Thursday, February 26th.** |
| Empiezo a estudiar ruso el lunes. | **I'm going to start studying Russian on Monday.** |
| Natalie estudia alemán los miércoles. | **Natalie studies German on Wednesdays.** |
| Gary enseña griego en la universidad en julio. | **Gary teaches Greek at the university in July.** |
| Mi amiga italiana viene el viernes que viene. | **My Italian friend is coming next Friday.** |
| Practicaré mi francés en mayo. | **I'll practice my French in May.** |
| Veo un programa americano los sábados. | **I watch an American show on Saturdays.** |
| ¿Qué idioma hablan los marroquíes? | **What language do Moroccan people speak?** |
| Creo que enero es mi mes preferido. | **I think January's my favourite month.** |
| April, May y June son nombres de chica. | **April, May and June are girl names.** |

**1.** Which months have thirty days? Write the names down.

**2.** What's the date?

| | US | UK |
|---|---|---|
| 11 / 12 | It's November 12ᵗʰ. | It's the 11th of December. |
| 05 / 10 | It's May 10th. | |
| 07 / 01 | It's July 1st. | |
| 09 / 03 | It's September 3rd. | |
| 04 / 02 | It's April 2nd. | |
| 06 / 08 | It's June 8th. | |

**3.** As a general rule...

Italian people speak Italian.

Australian people _____.

Greek people _____.

Portuguese people _____.

Chinese people _____.

Argentinian people _____.

Encontrarás las respuestas al final del libro.

# error 34

**Did you have a ~~funny~~ holiday?**

¿Unas vacaciones graciosas? ¿O querías preguntar si tuve '**unas vacaciones divertidas**', *"a fun holiday"*?

**Did you have a fun holiday?**

Al igual que en castellano, algo '**divertido**', *"fun"*, no tiene por qué ser 'gracioso', *"funny"*.

¡Más ejemplos! Recuerda: *"very funny"* es '**muy gracioso/a**' y *"a lot of fun"*, '**muy divertido/a**'.

| | |
|---|---|
| Mary es muy divertida. | **Mary's a lot of fun.** |
| ¿Es graciosa también? | **Is she funny as well?** |
| El partido de anoche estuvo muy divertido. | **The game last night was a lot of fun.** |
| Tus chistes no son nada graciosos. | **Your jokes aren't funny at all.** |
| ¿Fue divertido escalar el Everest? | **Was climbing Mount Everest fun?** |
| Estuvo muy gracioso cuando se cayó Ted. | **It was really funny when Ted fell over.** |
| ¿Crees que el golf es un deporte divertido? | **Do you think golf is a fun sport?** |
| Nunca dices nada gracioso. | **You never say anything funny.** |
| ¡Qué divertido es esto! | **This is so much fun!** |
| ¿Qué tiene tanta gracia? | **What's so funny?** |

**1.** Which of these things can be *"fun"* and not necessarily *"funny"*?

( skiing )  ( an English class )  ( lunch with a friend )

( a comedy )  ( visiting a museum )  ( an action movie )

**2.** ¿Conoces a alguien divertido, a alguien gracioso y a alguien que sea las dos cosas a la vez? Escribe frases como las de abajo en tres post-its distintos (¡más decoración para tu escritorio!), sustituyendo *"such and such"*, 'fulanito/a', por el nombre de tu elección.

Such and such is so much fun!

Such and such is so funny!

Such and such is both fun and funny at the same time!

**3.** Why is it always a good idea to bring a mushroom to a party?

Encontrarás las respuestas al final del libro.

# error 35

**Can you explain me...?**

¡No sigas! Dicho así, me estás pidiendo que explique tu persona, *que explique a ti*.

**Can you explain to me...?**

Basta con poner un **"to"**, para obtener '**¿Me puedes explicar (lo que sea)?**'.

¡Más ejemplos! Es como si tradujéramos literalmente '**¿Puedes explicar a mí...?**', *"Can you explain to me...?"*.

| | |
|---|---|
| ¿Me puedes explicar cómo funciona esto? | **Can you explain to me how this works?** |
| Rob me explicó cómo llegar (allí). | **Rob explained to me how to get there.** |
| Yo te lo explico. | **I'll explain it to you.** |
| ¿Se lo explicas también a él? | **Will you explain it to him too?** |
| Ojalá me lo hubiera explicado alguien. | **I wish somebody had explained that to me.** |
| Una señora muy amable nos lo explicó. | **A really nice lady explained it to us.** |
| April lo entendió en cuanto se lo expliqué. | **April got it as soon as I explained it to her.** |
| ¿Quién nos podría explicar estos símbolos? | **Who could explain these symbols to us?** |
| Sólo os los podría explicar una experta. | **Only an expert could explain them to you.** |
| Nadie nos pudo explicar lo que pasó. | **No one could explain to us what happened.** |

**1.** ¡A rellenar huecos! ¿*"To"* o no *"to"*?

**Sally:** Can you explain ____ me what you did just now?

**Harry:** I'd be happy ____ explain ____ it ____ you if I knew what I'm supposed to explain ____.

**Sally:** All I want you ____ explain ____ me is what you just did, Harry. What was that?!

**Harry:** Well, I can explain ____ you how I sneezed. Is that what you want me ____ explain?

**Sally:** No, I don't want you ____ explain ____ me how you sneezed! Forget it...

**2.** ¿A quién hay que explicarle cómo se hace? Usa pronombres en la columna de la derecha.

| | |
|---|---|
| to the person reading this | Can you explain to me how it's done? |
| to Stanley | |
| to Maggie | |
| to Dave and Jennifer | Can you explain to them how it's done? |
| to you | |
| to Mel, to Greg and to you | |

**3.** ¿De qué otra forma diríamos *"Could you please explain that to me again?"*?

**a)** Could you please run that to me again?

**b)** Could you please run that by me again?

Encontrarás las respuestas al final del libro.

# Got it? 7

¿Ya dominas los cinco errores anteriores? ¡Compruébalo a toda velocidad! *READY? SET? GO!*

**CORRIGE:**

He haves thirty-five millions. _____

**TRADUCE:**

Javier suele ver las películas en inglés los sábados y domingos. _____
_____

**TRADUCE:**

¿Te sabes algún chiste gracioso? _____

**CORRIGE:**

Where will we go when it start to rain? _____

**WHAT'S THE DATE?**

10 / 11 (US English) _____

**TRADUCE:**

¿Qué pasará cuando te vayas? _____

**CORRIGE:**

Can you explain me how this works? _____

**TRADUCE:**

La fiesta de anoche estuvo muy divertida. _____
_____

**CORRIGE:**

There are two millions of pounds in her bank account. _____

**WHAT'S THE DATE?**

10 / 11 (UK English) _____

## CORRIGE:

That's very fun! _____

## TRADUCE:

¿Qué pensará Bill cuando lo vea? _____

## CORRIGE:

Do you have german class the
mondays?
_____
_____

## TRADUCE:

¿Quién tiene cuatro millones de
amigos?
_____
_____

## CORRIGE:

No one explained us how to do it. _____

## TRADUCE:

Sólo os lo podría explicar una
experta.
_____
_____

## TRADUCE:

Te aviso cuando estemos listas. _____

## CORRIGE:

I wish somebody had explained her
what was the problem.
_____
_____

## CORRIGE:

Pilar is so fun! _____

## TRADUCE:

Tengo siete millones de razones. _____

# error 36

**The ~~important~~ is to keep calm**

Lo importante es mantener la calma cuando alguien se come una cosa, *"thing"*, que no debería comerse.

**The important thing is to keep calm**

Así es como diríamos 'lo importante', *"the important thing"*.

¡Más ejemplos! Tres casos en los que a veces no aparece *"thing"* son: *"the best (thing)"*, 'lo mejor', *"the worst (thing)"*, 'lo peor'. *"The good thing"* es que no te equivocarás si pones *"thing"* siempre.

| | |
|---|---|
| Lo importante es no parar de aprender. | **The important thing is not to stop learning.** |
| Eso es lo más importante. | **That's the main thing.** |
| Lo bueno fue que estábamos todos (allí). | **The good thing was that we were all there.** |
| ¿Qué fue lo más difícil de hacer? | **What was the hardest thing to do?** |
| Lo curioso es que nadie lo sabe. | **The funny thing is that no one knows.** |
| Lo triste es que a nadie le importa. | **The sad thing is no one cares.** |
| Eso es lo más inteligente que has hecho. | **That's the smartest thing you've ever done.** |
| ¿Qué es lo más frustrante del tema? | **What's the most frustrating thing about it?** |
| ¿Eso es lo peor del tema? | **Is that the worst thing about it?** |
| Nadie nos pudo explicar lo que pasó. | **No one could explain to us what happened.** |

**1.** Solemos formar superlativos con *"the most"* o *"the least"* delante de adjetivos de más de dos sílabas, y añadiendo *"-est"* a los demás. ¿Cómo serían estos?

| | |
|---|---|
| complicated (lo más complicado) | *the most complicated thing* |
| interesting (lo menos interesante) | |
| strange (lo más extraño) | |
| boring (lo más aburrido) | |
| sweet (lo más dulce) | |
| appealing (lo menos atractivo) | |

**2.** Da respuestas utilizando la estructura del ejemplo:

| | |
|---|---|
| What's the most boring thing you've ever done? | *Watching paint dry is probably the most boring thing I've ever done.* |
| What's the most interesting thing you've ever done? | |
| What's the most dangerous thing you've ever done? | |
| What's the funniest thing you've ever heard? | |
| What's the cutest thing you've ever seen? | |

**3.** Inventa tus propias preguntas con la estructura de las de arriba y practica con un amigo. Pregúntale también lo siguiente:

Película de *Grease*; canción *There are worse things I could do*.

**What's the worst thing Rizzo could do?**

Encontrarás las respuestas al final del libro.

# error 37

**They ~~make~~ a lot of questions**

Aquí nos imaginamos a unos duendecillos en la fábrica de preguntas, venga a fabricar preguntas.

**They ask a lot of questions**

En inglés somos más redundantes cuando se trata de preguntas, porque decimos literalmente, '**preguntar preguntas**', *"to ask questions"*.

¡Más ejemplos!

| | |
|---|---|
| ¿Puedo hacerte una pregunta? | **Can I ask you a question?** |
| Tú no. Haces demasiadas preguntas. | **Not you. You ask too many questions.** |
| A mucha gente no le gusta hacer preguntas. | **A lot of people don't like asking questions.** |
| ¿Te gustaría hacer una pregunta? | **Would you like to ask a question?** |
| No tengáis miedo de hacer preguntas. | **Don't be afraid to ask questions.** |
| ¿Alguien te hizo alguna pregunta? | **Did anyone ask you a question?** |
| ¿Cuál fue la pregunta que hicieron? | **What was the question they asked?** |
| Él me hizo una pregunta al principio. | **He asked me a question at the beginning.** |
| Y ella me hizo dos preguntas al final. | **And she asked me two questions at the end.** |
| Te he hecho una pregunta. | **I asked you a question.** |

**1.** Un truco para pronunciar **"asks"** es decir **'asco'**, cambiando la **'o'** por una **"s"**. Piensa también en cómo sonaban las espadas de pequeños **/ks-ks!/**. ¡Y a practicar en voz alta!

| | | |
|---|---|---|
| Gerard asks a lot of questions. | Peter también. | *Peter asks a lot of questions too.* |
| His aunt asks a lot of questions. | Su tío también. | |
| Cory's son asks a lot of questions. | La hija de June también. | |
| My niece asks a lot of questions. | Tu sobrina también. | |
| Your teacher asks a lot of questions. | Nuestro profesor también. | |

**2.** Mientras que marcamos bien la **"k"** de **"ask"**, su forma en pasado, **"asked"**, se pronuncia con un sonido de **"t"** al final, que prácticamente anula al de la **"k"**. **"Ask"** se dice **/askkk/** y **"asked"**, **/askttt/**. Teniendo esto en cuenta, ¡a seguir en voz alta!

| | |
|---|---|
| How many questions did you ask last week? (2) | *I asked two questions last week* |
| How many questions has she asked this week? (6) | *She's asked six questions this week.* |
| How many questions has he asked today? (6) | |
| How many questions did she ask last month? (5) | |
| How many questions have you asked this month? (9) | |
| How many questions did he ask last night? (13) | |

Encontrarás las respuestas al final del libro.

# error 38

**Is truth**

Para decir '**Es verdad**' en inglés di literalmente 'Es verdadero':

**It's true**

¡Y no olvides ese **"it"** del principio, que sin sujeto no hacemos nada!

¡Más ejemplos! Ojo, cuando en castellano os dais cuenta de algo y exclamáis '**¡Es verdad!**', en inglés lo que solemos decir es **"That's right!"** y no "It's true".

| | |
|---|---|
| Es verdad. | **It's true.** |
| Es la verdad. | **It's the truth.** |
| Es verdad, yo la vi hacerlo. | **It's true, I saw her doing it.** |
| Es verdad, yo vi cómo lo hacían. | **It's true, I saw them doing it.** |
| Sabes que es verdad. | **You know it's true.** |
| Sabes que eso no es verdad. | **You know that's not true.** |
| ¿Quieres saber la verdad? | **Do you want to know the truth?** |
| ¿Es verdad eso? | **Is that true?** |
| Es una historia real. | **It's a true story.** |
| Te estoy diciendo la verdad. | **I'm telling you the truth.** |

**1.** *True or false?*

   **a)** Does true love exist?

   **b)** Do dreams come true?

   **c)** Did Milli Vanilli really sing Girl you know it's true?

**2.** After listening to *True Colours* by Cyndi Lauper, what do you think your ***true colours*** are?

   **a)** the colours of your flag

   **b)** the colours of the rainbow

   **c)** the real you

**3.** Al final de la película *A Few Good Men*, cuando Tom Cruise consigue por fin que Jack Nicholson confiese, Tom le dice que quiere la verdad y Jack le responde algo así como que no está preparado para soportarla. ¿Qué dos frases intercambian?

**4.** ¿Cómo se llamará el '**hombre de verdad**' que busca Alaska en su canción si es de habla inglesa?

> Encontrarás las respuestas al final del libro.

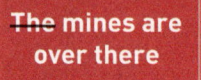 **The mines are over there**

Lo cierto es que esta frase es correcta, si lo que querías decir era '**Las minas están allí**'.

**Mine are over there**

Y esto puede significar '**Las mías están allí**' o '**Los míos están allí**'.

¡Más ejemplos! *"Mine is over there"*, con el verbo en singular, significaría '**La mía (o el mío) está allí**'. ¡*"Mine"* nunca varía!

| | |
|---|---|
| ¿Dónde está el mío? | **Where's mine?** |
| La mía es un poquito más grande. | **Mine's a little bit bigger.** |
| Creo que perdí las mías anoche. | **I think I lost mine last night.** |
| Eso no es mío. | **That's not mine.** |
| Ésa es (la) mía. | **That one's mine.** |
| El mío es aquél. | **Mine's that one.** |
| Las buenas son (las) mías. | **The good ones are mine.** |
| ¿Están listos los míos? | **Are mine ready?** |
| ¿Cuál es la mía? | **Which one's mine?** |
| ¡Me encantan las mías! | **I love mine!** |

**1.** It's all mine, mine, mine...

| | | |
|---|---|---|
| My hands are cold. What about yours? | Las tuyas también. | *Mine are cold too.* |
| My feet are cold. What about yours? | Los tuyos no. | *Mine aren't.* |
| My legs are tired. What about yours? | Las tuyas no. | |
| My hair is wet. What about yours? | El tuyo también. | |
| My cheeks are red. What about yours? | Las tuyas también. | |
| My stomach is rumbling. What about yours? | El tuyo no. | |

**2.** Ahora toca repartir entre los demás pronombres, ¡todos igual de posesivos!

( **mine** ) ( **yours** ) ( **hers** ) ( **his** ) ( **ours** ) ( **theirs** )

| | |
|---|---|
| I like mine, but I like your car better. | *I prefer yours.* |
| I like Mike, but I like her husband better. | |
| I like these shoes, but I like his shoes better. | |
| I like your house, but I like my house better. | |
| I like his friends, but I like our friends better. | |
| I like our table, but I like their table better. | |

**3.** ¿En cuál de las dos opciones tiene más amigos el hablante?

**a)** My friend lives in Ottawa.

**b)** A friend of mine lives in Ottawa.

> Encontrarás las respuestas al final del libro.

# error 40

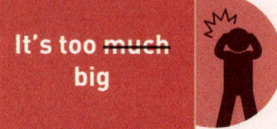

**It's too ~~much~~ big**

Lo que es demasiado es poner **"too"** y **"much"** delante de un adjetivo, como lo es **"big"**.

**It's too big**

Esto sí que **'es demasiado grande'**. Usamos **"too"** delante de adjetivos y adverbios para decir **'demasiado'**.

¡Más ejemplos! **"Too much"** es **'demasiado/a'**, y se usa delante de sustantivos incontables. **"Too many"** es **'demasiados/as'**, por lo que se usa con sustantivos contables.

| | |
|---|---|
| ¡Esto es demasiado bueno para ser verdad! | **This is too good to be true!** |
| Eres demasiado buena para el puesto. | **You're too good for the job.** |
| Esto es demasiado. | **This is too much.** |
| Tengo demasiado dinero. | **I have too much money.** |
| ¿Tienes demasiados amigos? | **Do you have too many friends?** |
| No puedo con él; ¡pesa demasiado! | **I can't carry him; he's too heavy!** |
| Hace demasiado frío para salir. | **It's too cold to go out.** |
| Tenemos demasiadas cosas que hacer. | **We have too many things to do.** |
| Hay demasiada contaminación. | **There's too much pollution.** |
| Están demasiado cansados para escuchar. | **They're too tired to listen.** |

## 1. *"Too much"* o *"too many"*?

There's _____ sugar in this cake.

Are there _____ people in the world?

Are you sure there isn't _____ chocolate?

There are _____ pairs of shoes under your bed.

Is there _____ sand in the desert?

There aren't _____ plates on the table, are there?

There's _____ pollution in this city.

## 2. *"Too"*, *"too much"* o *"too many"*?

You have _____ free time on your hands!

I think it's _____ hot here in the summer.

Don't do it! It's _____ dangerous!

I can't, sorry. I have _____ work to do.

She's _____ short for basketball and _____ tall for ballet.

I'm not _____ hungry, thanks. I had _____ to eat this morning.

Don't try to do _____ things at the same time!

## 3. What does the expression *"That's too bad!"* mean?

a) ¡Qué malo!

b) ¡Qué pena!

c) ¡Qué mal!

Encontrarás las respuestas al final del libro.

## featuring /kttt/ vs /pttt/

Por regla general, los verbos regulares que en infinitivo acaban en un sonido de **/k/** (**"ask"**) o de **/p/** (**"stop"**), cuando se les añade **"-ed"** para ponerlos en pasado, acaban en un sonido de **/ttt/**. Es decir, que en el caso de estos verbos, la **"-ed"** se pronuncia **/ttt/**. **"Asked"** suena a **/askttt/** y **"stopped"**, **/ssstopttt/**.

Pon los ejemplos de abajo en pasado simple, comprueba tus respuestas al final del libro y luego léelas en voz alta. En cuanto a la pronunciación, puedes saber si lo estás haciendo bien si escupes ligeramente al decir la **/ttt/** final de: **/askttt/**, **/stopttt/**, **/ueekttt/**, **/dropttt/**, **/beikttt/**, **/divvvélepttt/** y **/uokttt/**.

| | |
|---|---|
| She normally asks a lot of questions. | *And yesterday she asked a lot of questions too.* |
| Every day I stop at the gas station. | And last night _____ _____. |
| I usually work until six. | And last week _____ _____. |
| He always drops something. | And last Monday _____ _____. |
| I bake a cake every weekend. | And last weekend _____ _____. |
| They develop a new process every month. | And last month _____ _____. |
| Alice walks home every day. | And yesterday _____ _____. |

# /ddd/

Hay otros verbos regulares en los que la *"-ed"* final suena como una **/ddd/**, una *"d"* bien marcada. Algunos de ellos son:

| | |
|---|---|
| answered **/ánseeddd/** | called **/cólddd/** |
| changed **/chéinchddd/** | closed **/clóusddd/** |
| smiled **/sssmáilddd/** | worried **/uóriiddd/** |
| happened **/hápenddd/** | |

Inventa tus propias respuestas a las preguntas de abajo y practica en voz alta. Recuerda que **la *"d"* inglesa se pronuncia sin sacar la punta de la lengua entre los dientes**. Y, sea cual sea tu respuesta, el verbo tendrá que ir en afirmativo para poder practicar la terminación **/ddd/**. ¡Vamos allá!

| | |
|---|---|
| What happened? | Nothing happened |
| How many times did you smile last year? | I smiled 365 times last year. |
| How many times did change your clothes yesterday? | I changed my clothes twice yesterday. |
| How many times did you answer your phone last week? | I answered my phone ten times last week |
| And how many different people did you call? | I called twenty different people. |
| What are you worried about? | I'm not worried. |
| What time did you close this book the other day? | I closed this book at 17:33 the other day. |

¡Que se noten bien tus **/ddd/** finales para oír claramente que estás hablando en pasado!

# Got it? 8

¿Ya dominas los cinco errores anteriores? ¡Compruébalo a toda velocidad! **READY? SET? GO!**

**TRADUCE:**

Esa gente hace muchas preguntas. _____

**TRADUCE:**

¿Cuál es el mío? _____

**CORRIGE:**

You know it's truth. _____

**CORRIGE:**

The good is that there's a holiday next week! _____
_____

**TRADUCE**

¿Es verdad eso? _____

**TRADUCE:**

¡Qué pena! _____

**CORRIGE:**

You make too many questions. _____

**TRADUCE:**

Las mías son un poquito más grandes. _____
_____

**CORRIGE:**

The funny is that I can't remember your name! _____
_____

**TRADUCE:**

Es demasiado peligroso. _____

**TRADUCE:**

¿Están listos los míos? _____

**TRADUCE:**

Aquél es el tuyo y éste es el mío. _____

**TRADUCE:**

Te he hecho una pregunta. _____

**CORRIGE:**

It's too much cold outside. _____

**CORRIGE:**

It's a truth story. _____

**TRADUCE:**

¿Qué es lo más dulce que has
comido nunca? _____

_____

**CORRIGE:**

You have too many money. _____

**CORRIGE:**

Can I make you a question? _____

**CORRIGE:**

What's most complicated thing
you've ever done? _____

**TRADUCE:**

Es la verdad. _____

# error 41

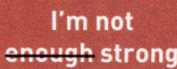

**I'm not ~~enough~~ strong**

Si en lugar de tachar *"enough"*, 'bastante', lo ponemos después de *"strong"*, la frase diría:

**I'm not strong enough**

'No soy lo bastante fuerte'. *"Enough"* va detrás de adjetivos (*"strong enough"*) y delante de sustantivos (*"enough time"*).

¡Más ejemplos! ¡Ojo! *"Enough"* significa 'bastante' en el sentido de 'suficiente'.

| | |
|---|---|
| No soy lo bastante alta como para alcanzar. | I'm not tall enough to reach. |
| ¿Por qué no es el mío lo bastante bueno? | Why isn't mine good enough? |
| Aún no lo veo; no está lo bastante cerca. | I can't see it yet; it's not close enough. |
| Max es lo bastante mayor; lo entenderá. | Max is old enough; he'll understand. |
| Luke no trabajó lo suficiente. | Luke didn't work hard enough. |
| ¿Compraste bastantes billetes? | Did you buy enough tickets? |
| Creo que no llevo suficiente dinero. | I don't think I have enough money on me. |
| ¿Hay comida suficiente para todos? | Is there enough food for everyone? |
| ¿Tenemos bastantes sillas? | Do we have enough chairs? |
| No hay espacio suficiente. | There's not enough room. |

**1.** ¿Adjetivo + *"enough"* o *"enough"* + sustantivo?

Is there _____ milk _____ at home?

We didn't plant _____ trees _____ last year.

Is this _____ good _____ for you?

Are you _____ strong _____ to carry the sofa?

It's _____ warm _____ to go swimming.

Are there _____ fish _____ in the sea?

**2.** Fíjate en el ejemplo y sigue tú:

| | | |
|---|---|---|
| This table is too heavy or maybe... | (strong) | **I'm not strong enough** |
| The ceiling's too high or maybe... | (tall) | |
| This is too complicated or maybe... | (smart) | |
| That car is too expensive or maybe... | (rich) | |
| The audience was too serious or maybe... | (funny) | |

**3.** Y... ¡hasta aquí hemos llegado!, *"Enough is enough!"*

Y si no, que se lo digan ¿a qué cantante de Boston con apellido de estación del año?

Encontrarás las respuestas al final del libro.

# error 42

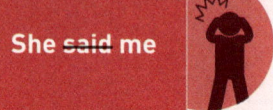

**She ~~said~~ me**

¿'**Ella dijo me**'? ¿Hemos inventado el asturinglés? '**Ella me dijo**' en inglés tradicional sería:

**She told me**

Y la opción con el verbo *"to say"*, *"She said to me"*.

¡Más ejemplos! Puedes ponerte esto en una camiseta: **We normally say things to people and tell people things**.

| | |
|---|---|
| ¿Le saludaste? | **Did you say hello to him?** |
| Por favor, di algo. | **Please, say something.** |
| Te lo dije. | **I told you.** |
| Ella me dijo que estabas aquí. | **She told me (that) you were here.** |
| Dile a Laura que la quiero. | **Tell Laura (that) I love her.** |
| Dile que la necesito. | **Tell her (that) I need her.** |
| ¿Qué han dicho? | **What did they say?** |
| ¡Han dicho que me han dado el trabajo! | **They said (that) I got the job!** |
| ¡Me han dicho que el puesto es mío! | **They told me (that) the job is mine!** |
| ¿Qué te dije? | **What did I tell you?** |

**1.** *"Say"* or *"tell"*?

When did you _____ her?

No one _____ me about that.

I didn't _____ anything to anyone.

_____ me something.

What did you just _____?

Why didn't you _____ anything?

_____ me more.

**2.** ¿Quién repetía la última frase del ejercicio anterior en el estribillo de la canción *Summer Nights* de la película Grease? No olvides cantarla con la letra delante si es preciso, ¡al menos una vez!

**3.** Sólo uno de estos dos artistas canta correctamente, en lo que se refiere a la gramática:

- Beyoncé, con su *"Say my name, say my name"*
  o bien
- Lionel Richie, con su *"Say you, say me"*
  ¿Cuál de los dos?

Encontrarás las respuestas al final del libro.

# error 43

**Would you mind ~~to wait~~ a minute?**

No me importaría esperar, si después de *"mind"* viniera *"waiting"* en lugar de *"to wait"*.

**Would you mind waiting a minute?**

Después de *"mind"*, si viene un verbo justo después, nos gusta que esté en gerundio.

¡Más ejemplos! Los verbos en gerundio son los que acaban en *"-ing"*.

| | |
|---|---|
| No me importa esperar en absoluto. | **I don't mind waiting at all.** |
| ¿Le importaría volver más tarde? | **Would you mind coming back later?** |
| ¿No te importa hace las cosas a mi manera? | **Don't you mind doing things my way?** |
| A Beth no le importa dormir en el sofá. | **Beth doesn't mind sleeping on the couch.** |
| No me importa desayunar pescado. | **I don't mind having fish for breakfast.** |
| ¿Te importa compartir el baño? | **Do you mind sharing the bathroom?** |
| No les importa pasar la noche fuera. | **They don't mind spending the night out.** |
| No me importa levantarme temprano. | **I don't mind getting up early.** |
| ¿No le importa a Andy vivir tan lejos? | **Doesn't Andy mind living so far away?** |
| ¿Te importaría sentarte allí? | **Would you mind sitting over there?** |

**1.** ¿Qué dirías en estas situaciones?

| | | |
|---|---|---|
| Someone's making a lot of noise. | (stop that) | *Would you mind stopping that?* |
| Someone's in the way. | (get out of the way) | |
| Someone's double parked. | (park somewhere else) | |
| Someone's dog's attacking you. | (hold dog back) | |
| Someone's eating your food? | (not eat your food) | |
| Someone's shouting at you. | (not shout at you) | |
| Someone's using your phone. | (not use your phone) | |

**2.** Añade *tag questions*:

You don't mind doing this, **do you**?

He wouldn't mind driving with us, _____?

You wouldn't mind going with them, _____?

She doesn't mind living here, _____?

**3.** ¡Y marchando una doble ración de *"mind"*!
¿Te importaría cuidarme...

| | |
|---|---|
| el perro? | *Would you mind minding my dog?* |
| la casa? | |
| a los niños? | |
| el sitio (asiento)? | |

Encontrarás las respuestas al final del libro.

# error 44

**I must ~~to~~ learn this**

Yes, you must learn that we don't say *"to"* after *"must"*.

**I must learn this**

Olvídate de *"to"* después de *"must"* o de cualquier otro verbo modal.

¡Más ejemplos! De hecho, tampoco decimos *"to"* antes de *"must"*, ni de cualquier otro verbo modal.

| | |
|---|---|
| Debo estudiar más. | **I must study harder.** |
| Debemos ayudar al prójimo. | **We must help our fellow men.** |
| Debes intentarlo por tus hijos. | **You must try for your children.** |
| Debes pagarte tu comida. | **You must pay for your own food.** |
| Debo dejar de fumar. | **I must quit smoking.** |
| Debe de ser verdad. | **It must be true.** |
| ¡Debes de estar bromeando! | **You must be joking!** |
| No debe de estar en casa. | **She must not be at home.** |
| Debe de ser la Luna. | **It must be the Moon.** |
| ¡Debes de estar muerto de hambre! | **You must be starving!** |

**1.** Sustituye *"have to"* (**'tener que'**) por *"must"*:

| | |
|---|---|
| We're in a hurry, we have to go now. | We _____ go now. |
| You have to be strong. | You _____ be strong. |
| It has to work! | It _____ work! |
| It has to be finished today. | It _____ be finished today. |
| You have to understand. | You _____ understand. |

**2.** ¿Cómo pondrías las siguientes frases en pasado? Pista: en todas ellas, *"must"* implica obligación.

| | |
|---|---|
| I must do the dishes today. | I _____ yesterday. |
| I must do the shopping today. | I _____ last week. |
| I must make dinner tonight. | I _____ last night. |
| I must make my bed tomorrow. | I _____ on Friday. |
| I must call my parents this weekend. | I _____ last weekend. |

**3. Quick!**

What's a *"must"*?
What's a *"must-have"*?

Encontrarás las respuestas al final del libro.

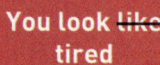

# error 45

**You look ~~like~~ tired**

'Pareces cansado' o 'Te veo cansado' sería sin *"like"*.

**You look tired**

Recuerda: *"You look"* + adjetivo = 'Pareces' + algo; *"You look like"* + sustantivo = 'Te pareces a' + alguien/algo.

¡Más ejemplos! ¡Que nunca se interponga un *"like"* entre **"look"** y un adjetivo!

| | |
|---|---|
| Pareces disgustada. ¿Qué te pasa? | **You look upset. What's wrong?** |
| Parece contenta con sus zapatos nuevos. | **She looks happy in her new shoes.** |
| Parece un poco enfadado. | **He looks a bit angry.** |
| Te queda genial ese conjunto. | **You look great in that outfit.** |
| ¡Está precioso! | **It looks gorgeous!** |
| ¡Ese filete tiene una pinta increíble! | **That steak looks amazing!** |
| ¿Estoy bien? (de aspecto) | **Do I look okay?** |
| Parecías un poco triste anoche. | **You looked a bit sad last night.** |
| Hoy te veo mucho mejor. | **You look a lot better today.** |
| ¡Qué guapo está con traje! | **He looks so handsome in a suit!** |

**1.** ¿Cómo ves a los dos hombrecillos de la parte de arriba de la página anterior?

**satisfied / frustrated**

The first one doesn't look _____ he looks _____.

The second one doesn't _____ , _____.

**happy / mad**

The first one doesn't _____ , _____.

The second one doesn't _____ , _____.

**2.** ¿Y el hombrecillo de la parte de arriba de esta página?

| | |
|---|---|
| Does he look busy? | Yes, he looks very busy. |
| Does he look active? | Yes, |
| Does he look fit? | Yes, |
| Does he look sad? | No, |
| Does he look human? | No, |

**3.** Sales de un probador y quieres saber si te queda bien la ropa. ¿Qué le preguntas a la dependienta?

**a)** Who do I look like?

**b)** How do I look? Do I look ok?

**c)** How do I look like?

Encontrarás las respuestas al final del libro.

# Got it? 9

¿Ya dominas los cinco errores anteriores? ¡Compruébalo a toda velocidad! *READY? SET? GO!*

**TRADUCE:**

I'm not enough tall to reach. _____

**TRADUCE:**

¿Te importaría esperar un minuto? _____

**CORRIGE:**

She said me (that) you were here. _____

**TRADUCE:**

¿Tenemos dinero suficiente? _____

**CORRIGE:**

She look like very happy in her new shoes.
_____
_____

**TRADUCE:**

Debe de ser verdad. _____

**CORRIGE:**

Would you mind to get out of the way?
_____
_____

**TRADUCE:**

Dile que la necesito. _____

**CORRIGE:**

I must to try to study harder. _____

**TRADUCE:**

Hoy te veo mucho mejor. _____

**CORRIGE:**

I don't mind to wait. _____

**TRADUCE:**

Te lo dije. _____

**CORRIGE:**

You must to pay your own food. _____

**TRADUCE:**

No hay espacio suficiente. _____

**CORRIGE:**

He look like a bit frustrated. _____

**TRADUCE:**

Di algo. _____

**CORRIGE:**

I'm not enough strong. _____

**TRADUCE:**

No me importa levantarme _____
temprano. _____

**CORRIGE:**

You look like sad. What happens? _____

**TRADUCE:**

Debe de ser la Luna. _____

# error 46

**(*ring-ring*) Hi, John. I'm Rita**

Si llamas a tu amigo John y le dices *"I'm \*tu nombre\*"*, como poco se va a extrañar, ¡porque se supone que ya te conoce!

**(*ring-ring*) Hi, John. It's Rita**

Decimos *"I'm \*tu nombre\*"* para presentarnos. Para decir quién eres por teléfono, di *"It's Rita"* o *"This is Rita"*.

¡Más ejemplos! No olvides sustituir *"Rita"* por tu nombre, si no te llamas Rita. Y ahora, ¡seguimos al teléfono!

| | |
|---|---|
| Hola, soy yo. | **Hi, it's me.** |
| Soy Elena. ¿Está Megan? | **This is Elena. Is Megan there?** |
| Hola, soy tu madre. ¿Te acuerdas de mí? | **Hi, it's your mother. Remember me?** |
| Soy Eva Díez. ¿Podría hablar con Dan Cove, por favor? | **This is Eva Díez. Could I speak with Dan Cove, please?** |
| Hola, soy Sam. ¿Está Wayne en casa? | **Hi, it's Sam. Is Wayne home?** |
| Somos nosotros. | **It's us.** |
| Son ellos otra vez. | **It's them again.** |
| No es la policía. ¡Soy yo! | **It's not the police. It's me!** |
| Es tu jefe. Quiere hablar contigo. | **It's your boss. He wants to talk to you.** |
| Es Bob. ¿Te puedes poner? | **It's Bob. Can you come to the phone?** |

**1.** Para saber quién llama a la puerta preguntamos **"Who is it?"**, de ahí que la respuesta empiece por **"It's"**. Y ahora, ¿oyes el timbre? DING-DONG!!!

*Who is it?*

| | |
|---|---|
| ¡Soy yo! | It's me! |
| ¡Somos nosotras! | |
| ¡Somos Mercedes y Javier! | |
| ¡Es tu vecino! | |
| ¡Son tus padres! | |
| ¡Soy Rita! | |

**2.** Para que no te salga caro practicar **"Hi, it's *tu nombre*"**, en vez de llamar a 5 personas, mándales mensajes empezando así, en inglés. Come on! You can do it!

**3. Quick!** ¿Cómo preguntarías '**¿Me das tu teléfono?**'?

**a)** Can I have your phone?

**b)** Can I have your number?

**c)** Can you give me your phone?

Encontrarás las respuestas al final del libro.

# error 47

**They were talking ~~during~~ two hours**

Decimos: *"for two hours"*, *"for a minute"*, *"for years"*, etc.

**They were talking for two hours**

Solemos usar *"for"* con períodos de tiempo, y *"during"* con sustantivos no relacionados con la duración de algo necesariamente: *"during the class"*, *"during the party"*, etc.

¡Más ejemplos! *"For"* for president!

| | |
|---|---|
| Han estado esperando durante horas. | **They've been waiting for hours.** |
| Estuve practicando durante años. | **I was practicing for years.** |
| Hay que andar durante unos diez minutos. | **You have to walk for about ten minutes.** |
| ¿He dormido durante trece horas? | **Did I sleep for thirteen hours?** |
| Bate los huevos durante unos minutos. | **Beat the eggs for a couple of minutes.** |
| Deja la masa en la nevera durante una hora. | **Leave the dough in the fridge for an hour.** |
| Corrió durante tres días. | **He ran for three days.** |
| Estuvimos tres horas comiendo. | **We were eating for three hours.** |
| Estuvo lloviendo durante meses. | **It was raining for months.** |
| Estuve allí (sentada) durante un rato. | **I sat there for a while.** |

## 1. ¿ *"For"* o *"during"*?

Someone's phone rang _____ the meeting.

Claire lived in Istambul _____ four months.

You can't leave the room _____ the exam.

Please, don't ask any questions _____ the speech.

Run _____ ten minutes and then walk _____ another ten.

## 2. ¡Gimnasia verbal! Fíjate lo que hacemos con *"to go home"*:

| | | |
|---|---|---|
| I / to go home / for a week | Dilo en presente continuo. | *I'm going home for a week* |
| She / to go home / for a month | Dilo en futuro con *"will"*. | *She'll go home for a month* |
| We / to go home/ for a couple of hours | Dilo en pasado simple. | *We went home for a couple of hours.* |

Haz tú lo mismo con *"to sleep"* y con *"to go skiing"*.

## 3. Quick! Traduce al inglés:

- Esa gente lleva dos horas esperando.
- Esa gente lleva esperando desde las siete.

Encontrarás las respuestas al final del libro.

# error 48

**She's Spanish, ~~as~~ me**

El '**como**' de '**Es española, como yo**' sería *"like"*, no *"as"*, porque después no viene una frase entera, sino sólo un pronombre, *"me"*.

**She's Spanish, like me**

Podemos decir esto, o bien *"She's Spanish as I am"*. El '**como**' aquí es *"as"*, porque le sigue una frase, *"I am"*.

¡Más ejemplos! **We like *"like"*!**

| | |
|---|---|
| Ojalá supiera yo cocinar como mi abuela. | **I wish I could cook like my grandma.** |
| ¿Las gallinas pueden volar como otras aves? | **Can hens fly like other birds?** |
| Cuando crezca quiero ser como tú. | **When I grow up I want to be like you.** |
| Fue como volver a nacer. | **It was like being born again.** |
| Mi hermano conduce como mi padre. | **My brother drives like my dad.** |
| Sarah es alérgica a los cacahuetes, como yo. | **Sarah's allergic to peanuts, like me.** |
| ¿Tienen a alguien como él? | **Do they have someone like him?** |
| ¡Corre como el viento! | **Run like the wind!** |
| Tenemos que jugar más como ellas. | **We need to play more like them.** |
| Mi hermana es igualita que mi madre. | **My sister is just like my mum.** |

**1.** Who sings what?

| | |
|---|---|
| **a)** Like a Rolling Stone | Madonna |
| **b)** Like a Virgin | Madonna |
| **c)** Like a fool | Bob Dylan |
| **d)** Like a Prayer | Nelly Furtado |
| **e)** Like a bird | Keira Knightley |

**2.** ¿ *"Like"* o *"as"*?

Your friend is really nice, _____ you.

Here's the money, _____ we agreed.

Everything's there, _____ you can see.

Your friend is really smart, just _____ you.

He doesn't like working from home _____ me.

Max talks just _____ his uncle Jason.

**3.** Averigua la diferencia entre *"as"* (pronunciado con una *"s"* vibrada, como un zumbido) y *"ass"* (pronunciado con una *"s"* normal). ¡No se intercambian!

Encontrarás las respuestas al final del libro.

# error 49

**He's here ~~for~~ to see you**

'**Él está aquí para verte**' en inglés es sin *"for"*.

**He's here to see you**

Es como si *"to"* hiciera al mismo tiempo de '**para**' y de parte del infinitivo que le sigue.

¡Más ejemplos! ¡Dilo sin *"for"*!

| | |
|---|---|
| ¡Están aquí para quedarse! | **They're here to stay!** |
| Hacen falta las dos manos para agarrarlo. | **You need both hands to grab it.** |
| ¿Vas a usar este color para pintar la pared? | **Are you using this colour to paint the wall?** |
| Fuimos a Roma para ver el Coliseo. | **We went to Rome to see the Coliseum.** |
| Kelly no compró la casa para vivir en ella. | **Kelly didn't buy the house to live in it.** |
| Necesito dinero para pagar los cafés. | **I need some money to pay for the coffees.** |
| Se sentaron para estar más cómodos. | **They sat down to be more comfortable.** |
| Blake salió para sacar la basura. | **Blake went out to take the garbage out.** |
| Se levantó para cantar su canción. | **He stood up to sing his song.** |
| ¡Nací para hablar inglés! | **I was born to speak English!** |

**1.** En 1984, el cantante Stevie Wonder llamaba a alguien por teléfono para decirle dos cosas. ¿El qué?

**2.** Ok, so you were born to speak English. And what about these guys?

( paint ) ( save people ) ( sing )

( design clothes ) ( write ) ( swim )

My cat **was born to be wild**.

Superman _____.

Shakespeare _____.

Mireia Belmonte _____.

Picasso _____.

Coco Chanel _____.

Amy Winehouse _____.

**3.** ¿Cómo cantarías en inglés aquello de Raphael?

Y estoy aquí aquí, para quererte
estoy aquí aquí, para adorarte
yo estoy aquí aquí, para decirte
¡amooooooor, amoooooooor!

Encontrarás las respuestas al final del libro.

# error 50

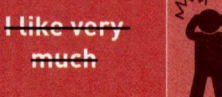

¿Alguien ha visto un **"it"** por ahí, para que esta frase tenga sentido?

**I like it very much**

También valdría: **"them"**, **"her"**, **"you"**, **"him"**, **"chocolate"**, **"weekends"** o lo que sea. El caso es decir lo que nos gusta, sin dejar el verbo **"like"** ahí colgado.

¡Más ejemplos! **That's the way we like it!**

| | |
|---|---|
| Me gusta mucho. (Una cosa) | **I like it very much.** |
| A Amy le gusta mucho. (Un chico) | **Amy likes him a lot.** |
| ¿Os gustan? (Unas flores) | **Do you like them?** |
| Te gustará; estoy segura. (Una chica) | **You'll like her; I'm sure.** |
| ¿Te gustó? (Una película) | **Did you like it?** |
| A Alfred no le gustó en absoluto. (Un país) | **Alfred didn't like it at all.** |
| ¿Te gusta? (Un coche) | **Do you like it?** |
| ¿Crees que les gustará? (Una presentación) | **Do you think they'll like it?** |
| A él le gustan mucho. (Unos pendientes) | **He really likes them.** |
| Me gusta mucho. (El inglés) | **I like it a lot.** |

**1.** Si a *"like"* le sigue un verbo, éste ira en gerundio (acabado en *"-ing"*) o en infinitivo (con *"to"*). ¡Ejercita tu agilidad verbal cambiando de uno al otro!

| | |
|---|---|
| She really likes travelling. | *She really likes to travel.* |
| I don't like to fly. | |
| Does he like playing hockey? | |
| Do you like to speak in front of an audience? | |
| They don't like studying very much. | |
| I like to watch people. | |

**2.** ¿Qué tal esos reflejos? ¡Traduce a toda velocidad!

| | |
|---|---|
| Me gusta. (Dicho de un cuadro) | _____ . |
| Nos gusta. (Dicho de una casa) | _____ . |
| Nos gusta. (Dicho de una actriz) | _____ . |
| Te gustará. (Dicho de un libro) | _____ . |
| No me gusta. (Dicho de una bebida) | _____ . |
| ¿Te gustan? (Dicho de unos zapatos) | _____ ? |
| ¿No te gusta? (Dicho de un puré) | _____ ? |
| No me gusta. (Dicho de un cantante) | _____ . |

**3.** *"Like"* en pasado, *"liked"*, es uno de esos verbos que acaban en un sonido de *"t"* fuerte y además se pronuncia en una sola sílaba, **/láikttt/**. Hazte con él repitiendo esta frase unas 47 veces: **/ailaiktttiraló/**.

La pregunta es, ¿qué estás diciendo?

Encontrarás las respuestas al final del libro.

## featuring /id/

El tercer grupo de verbos irregulares que veremos aquí son los que en infinitivo acaban en un sonido de **/t/** (**"eliminate"**) o **/d/** (**"decide"**). A estos también se les añade **"-ed"** para ponerlos en pasado y en su caso, **"-ed"** **/id/** se pronuncia como una sílaba adicional.

Por ejemplo, **"eliminate"** **/elímineittt/** se convierte en **"eliminated"** **/elímineitid/** y **"decide"** **/disáiddd/** se convierte en **"decided"** **/disáidid/**.

Lee los siguientes ejemplos en voz alta y responde las preguntas pronunciando con especial cariño: **/elímineitid/**, **/disáidid/**, **/shhháutid/**, **/invvvéntid/**, **/sstáatid/**, **/réntid/**, **/akséptid/** y **/áktid/**.

......................................................................................................

Last Monday they eliminated three participants. How many did you eliminate?

......................................................................................................

Last week I decided to move to Cincinnati. Where did you decide to move?

......................................................................................................

Last month she shouted at everyone. Who did you shout at?

......................................................................................................

Last night I invented a time machine. What did you invent?

......................................................................................................

Last year we started a family. What did you start? Did you start a new business maybe?

......................................................................................................

Last Christmas we rented a bungalow. What did you rent last Christmas?

......................................................................................................

Last Thursday he accepted my invitation. What did you accept last Thursday?

......................................................................................................

They all acted like children at the meeting. What about you?

......................................................................................................

# /ddd/

Lee en voz alta las frases de abajo y escribe al lado lo que has leído.
Encontrarás las respuestas al final del libro, por si acaso.
¡Ah! ¡Y encuentra el fallo que se ha colado!

/ailcoliutumórou/

/duiuagrí?/

/ittttsavvverissspeshhholokeishhhon/

/uotttsrong?/

/mainsraithhhía/

/aisssliipinmaipichámas/

/duiuhhhavvvchumilieniurous/

/itttsondzaíntane/

/shhhiásktttiueicueschon/

/píipolaikkksiraló/

/itttschrú/

/áriussstrongináfff/

/zénkiuforíiding!/

# Got it? 10

¿Ya dominas los cinco errores anteriores? ¡Compruébalo a toda velocidad! *READY? SET? GO!*

### PON EN PASADO SIMPLE, NEGATIVO:

It's Raymond and Gareth. _____

### PON EN AFIRMATIVO Y CORRIGE:

I don't need any money for to pay
the coffees. _____
_____

### CONVIERTE EN PREGUNTA Y CORRIGE:

You can fly as a bird! _____

### TRADUCE:

Forrest corrió como el viento durante
dos días. _____
_____

### TRADUCE:

Me gusta. (Dicho de un jarrón) _____

### TRADUCE:

Soy María. ¿Está Robert? _____
_____

### CORRIGE:

Did you go to Paris for to see the
Eiffel Tower? _____
_____

### PON EN PASADO SIMPLE AFIRMATIVO Y CORRIGE:

Fay doesn't walk during five hours. _____

### CORRIGE:

My neighbour drive as a mad man. _____

## TRADUCE:

Manuel es alérgico a los cacahuetes, como tú.

_____
_____

## CORRIGE:

(on the phone) Hello, I'm Daniel. Is Ernie home?

_____
_____

## TRADUCE:

¿Te gusta? (Dicho del chocolate)

_____

## CORRIGE:

We're here for to see the apartment.

_____

## TRADUCE:

No les gusta. (Dicho de una foto)

_____

## CORRIGE:

I studied during eleven hours the last week.

_____
_____

## TRADUCE:

(DING-DONG) ¡Son tus padres!

_____

## CORRIGE:

David is not scottish; he's spanish, as me.

_____
_____

## TRADUCE:

No me gustan. (Dicho de unas gafas)

_____

## CORRIGE:

Manuela was born for to be architect.

_____

## PONLO EN PRESENTE SIMPLE Y CORRIGE:

Did she sleep during eight hours?

_____

answers

# Answer Key

## error 01

**1.**

**Jason:** I have a job interview ~~in~~ two days! You look great ~~in~~ that dress, by the way.

**Betsy:** Thank you! You look great ~~in~~ those pants! So what are you wearing ~~to~~ your interview?

**Jason:** I'll have to go ~~in~~ my blue suit.

**Betsy:** What?! You can't go ~~in~~ that old suit!

**Jason:** Yes, I can. I have to go ~~in~~ my lucky suit. And I'm taking Gizmo ~~with~~ me. He's my lucky charm.

**Betsy:** Let me get this straight: You're going to a job interview ~~on~~ Tuesday, ~~with~~ our cat, ~~in~~ your old suit. Well... Good luck!

**2.**

| Both Mark and Tom have dinner in their work clothes. | Neither Mark nor Tom have dinner in their work clothes. |
|---|---|
| They all like to go out in their uniform. | None of them like to go out in their uniforms. |
| Everyone I know sleeps in their pajamas. | No one I know sleeps in their pajamas. |
| All of the women in my family got married in a white dress. | None of the women in my family got married in a white dress. |
| Both of us prefer to work in casual clothes. | Neither of us prefer to work in casual clothes. |

**3. a)** Groucho Marx

**b)** Rachel Bilson

## error 03

**1.** *"It beats me"* significa '**No tengo ni idea**'.

**2. c)** Give me a beat!

Argentina beat West Germany (3-2)

**3.**

Congratulations! You *won*!

The Allies *beat* Germany in 1945.

My team *wins* every time they play at home.

If you *beat* the champions, then you become the new champions.

What do you get if you *win*?

It's hard to *beat* somebody who has nothing to lose.

Nadal has *beaten* his opponent three times in a row.

## error 04

**1.**

**Alice:** Sally looks beautiful in her wedding dress. I bet it was expensive. Did she *pay for* it herself?

**Martha:** Oh no, she didn't need to *pay for* it herself.

**Alice:** What about the food? Who *paid for* the food?

**Martha:** Sally's aunt *paid for* the catering service. She *paid* €7,067 for it.

**Alice:** Not bad... And who *paid for* the band?

**Martha:** Sally's grandparents *paid for* it. They *paid* €2,040 for the band.

**Alice:** Amazing. Did her parents *pay for* anything?

**Martha:** Sure! Sally's mum *paid for* the venue and her dad *paid for* the honeymoon.

**Alice:** No way! Lucky her!

**2.**

| | |
|---|---|
| Can you pay my bills? | Can you pay *FOR* my drink? |
| Can you pay my rent? | Can you pay *FOR* my English course? |
| Can you pay *FOR* my car? | Can you pay my mortgage? |
| Can you pay *FOR* my meal? | Can you pay *FOR* my ticket to Paris? |

## error 05

**1.**

| | |
|---|---|
| There were five of us. | *How many of you were there?* |
| There'll be nine of them. | *How many of them will there be?* |

| | |
|---|---|
| There are four of you. | How many of us are there? |
| There were two of you. | How many of us were there? |
| There are going to be six of them. | How many of them are there going to be? |

## 2.

| | |
|---|---|
| ¿Cuántos eran en *La última cena* de Da Vinci? | There were thirteen of them. |
| ¿Cuántos eran los enanitos de Blancanieves? | There were seven of them. |
| ¿Cuántos eran los mosqueteros de D'Artagnan? | There were three of them. |
| ¿Cuántos son los pecados capitales? | There are seven of them. |
| ¿Cuántas son las estrellas de la bandera de EEUU? | There are fifty of them. |

## 3.

| | |
|---|---|
| There'll be 15 Simpsons. | There'll be five of them. |
| There'll be 30 Newmans. | There'll be thirty of them. |
| There'll be 50 in total. | There'll be fifty of them in total. |

## Got it? 1

**CORRIGE:** Who's going to pay for her ticket?
**TRADUCE:** There are fourteen of us.
**CORRIGE:** Don't distract him. He's concentrating / focused.
**TRADUCE:** We're going to beat you!
**CORRIGE:** He's getting married in an old suit.
**DILO CON UN SINÓNIMO:** I need to focus.
**DILO EN PASADO SIMPLE:** There were eighteen of them.
**DILO EN NEGATIVO:** They haven't beaten us.
**FORMULA LA PREGUNTA:** How many of them will there be?
**CORRIGE:** I pay my rent on the second of every month.
**DILO EN PRESENTE SIMPLE:** She never pays for anything.
**TRADUCE:** ¿Puedes (con)centrarte cinco minutos?
**DILO EN AFIRMATIVO Y CORRIGE:** He goes to work in his sneakers.
**TRADUCE:** Do you sleep in your pajamas?
**CORRIGE:** A second division team beat a first division team yesterday.
**CORRIGE:** There are only two of us.
**COGE AIRE Y TRADUCE:** How many of you are there?

**DILO EN NEGATIVO, PASADO SIMPLE:** She didn't pay for her own dinner.
**FORMULA LA PREGUNTA:** Is / Isn't he focused on his career right now?
**TRADUCE:** I'll pay.

## error 06

**1.**

| | |
|---|---|
| He agrees with us. | *Does he agree with us?* |
| We all agree on that. | *Do we all agree on that?* |
| Maggie doesn't agree. | *Doesn't Maggie agree?* |
| Your partner agrees with you. | *Does your partner agree with you?* |
| The other party agrees with these conditions. | *Does the other party agree with these conditions?* |

**2.**

His parents agree, *don't they*?

You don't agree, *do you*?

Amy's Friends don't agree, *do they*?

Peter and Andrea never agree with each other, *do they*?

No one agrees with what Ursula said, *do they*?

You and Harry agree with me on this, *don't you*?

## error 07

**1.**

| | | |
|---|---|---|
| Are people human beings? | Dí que sí. | *Yes, they are.* |
| Do people bark? | Dí que no. | *No, they don't.* |
| Do people die? | Dí que sí. | *Yes, they do.* |
| Are people crazy? | Dí que no. | *No, they aren't.* |
| Do people know much? | Dí que no. | *No, they don't.* |
| Are people intelligent creatures? | Dí que sí. | *Yes, they are.* |

**2.**

People from France _are French_.

People from Germany _are German_.

People from Greece _are Greek_.

People from the US _are American_.

People from Europe _are European_.

**3. a)** Depeche Mode

   **b)** George Michael

## error 08

**1.**

| | |
|---|---|
| Where did you see that? | I _saw_ it on the internet. |
| Where did you read it? | I _read_ it on the internet. |
| Where did you buy it? | I _bought_ it on the internet. |
| Where did you sell them? | I _sold_ them on the internet. |
| Where did you put it? | I _put_ it on the internet. |

**2.** Respuestas posibles: I agree, I don't agree, I disagree.

## error 09

**1.**

| | |
|---|---|
| A man who acts in movies | works as an actor. |
| A woman who teaches English | works as an English teacher. |
| A woman who operates on people | works as a surgeon. |
| A man who fixes cars | works as a mechanic. |
| A woman who flies planes | works as a pilot. |

**2.** Dice que es '**recolector**', "**a picker**". En la canción dice "**a picker**", aunque en la vida real lo normal es decir "**a strawberry picker**", "**a peach picker**", "**an apple picker**", etc.

**3. a)** Neil was an astronaut

   **a)** Louis was a musician

   **a)** Lance was a cyclist.

## error 10

**2.**

| | |
|---|---|
| It's raining. | Is it raining? |
| It's too soon. | Is it too soon? |
| That's it! | Is that it? |
| She's waiting. | Is she waiting? |
| This is our car. | Is this our car? |

**3.**

| | |
|---|---|
| It's not great. | Isn't it great? |
| It's not on. | Isn't it on? |
| It's not cold. | Isn't it cold? |
| It's not yellow. | Isn't it yellow? |
| It's not a question of time. | Isn't it a question of time? |

## Got it? 2

**CORRIGE:** Do you agree?
**TRADUCE:** Is there a picture on the internet?
**FORMULA LA PREGUNTA PARA ESTA RESPUESTA:** Where is it?
**DILO EN AFIRMATIVO:** People know.
**CORRIGE:** I'm an architect.
**TRADUCE:** ¿Está de acuerdo la gente?
**DILO EN PASADO SIMPLE Y CORRIGE:** She bought them on the internet.
**CORRIGE:** People say I'm a dreamer.
**FORMULA LA PREGUNTA PARA ESTA RESPUESTA:** How many of them were there?
**TRADUCE:** Are people tired?
**TRADUCE:** I don't agree.
**DILO EN NEGATIVO Y CORRIGE:** I didn't find it on the internet.
**CORRIGE:** Not everyone agrees.
**TRADUCE:** Does she work as a surgeon in this city?
**CORRIGE:** Mr. Armstrong was a musician.
**CONVIERTE EN PREGUNTA:** Am I in your way?
**CORRIGE:** Are there more?
**DILO EN FUTURO CON "WILL", EN NEGATIVO:** They won't agree with you.
**CONVIERTE EN PREGUNTA:** Isn't it a question of money?
**FORMULA LA PREGUNTA PARA ESTA RESPUESTA:** Is that all, folks?

## error 11

**1.**

| | |
|---|---|
| I'll **state my** case, of which I'm certain. | He states his case, of which he's certain. |
| I've **lived** a life that's full. | He lives a life that's full. |
| I've **traveled** each and every highway; | He travels each and every highway; |
| And more, much more than this, | And more, much more than this, |
| **I did** it **my** way. | He does it his way. |
| Regrets, I've **had** a few; | Regrets, he has a few; |
| But then again, too few to mention. | But then again, too few to mention. |
| **I did** what **I had** to do | He does what he has to do |
| And **saw** it through without exemption. | And sees it through without exemption. |
| **I planned** each charted course; | He plans each charted course; |
| Each careful step along the byway, | Each careful step along the byway, |
| And more, much more than this, | And more, much more than this, |
| **I did** it **my** way. | He does it his way. |

**2.**

| | |
|---|---|
| It rained a lot yesterday. | It rains a lot every day. |
| He touched the screen yesterday. | He touches the screen every day. |
| She watched the news yesterday. | She watches the news every day. |
| She gave me flowers yesterday. | She gives me flowers every day. |
| It finished at eight yesterday. | It finishes at eight every day. |

## error 12

**1.**

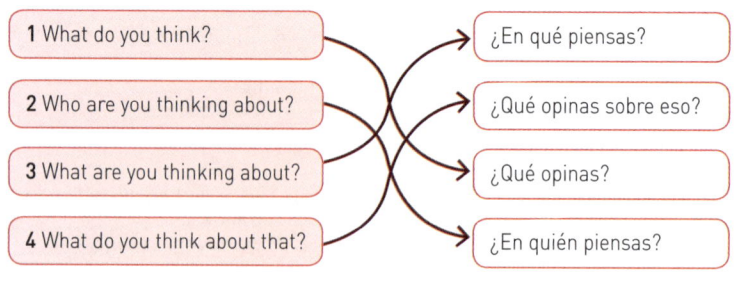

| | |
|---|---|
| **1** What do you think? | ¿En qué piensas? |
| **2** Who are you thinking about? | ¿Qué opinas sobre eso? |
| **3** What are you thinking about? | ¿Qué opinas? |
| **4** What do you think about that? | ¿En quién piensas? |

**2.**

| | |
|---|---|
| I'm planning to move. | I'm thinking about moving. |
| I'm planning to change them. | I'm thinking about changing them. |
| I'm planning to visit him. | I'm thinking about visiting him. |
| I'm planning to leave. | I'm thinking about leaving. |
| I'm planning to buy one. | I'm thinking about buying one. |

**3. a)** Londonbeat

   **a)** Calvin Harris

## error 13

**1.**

Are you tired? Go to bed then!

Can you go to ~~THE~~ bed over there?

Can you please leave this on ~~THE~~ bed?

Go to bed if you're feeling sick.

**2.**

~~THE~~ school is actually in the same neighbourhood.

What time do you usually leave for school?

Not everybody can go to school in some countries.

Look! You can see ~~THE~~ school from here!

**3.**

Let me take a picture of ~~THE~~ church.

Let's go see ~~THE~~ church! It's for free!

Is it OK to wear a hat to church?

I sometimes forget to go to church.

**1.**

| | |
|---|---|
| ~~What happens?~~ | ¿Qué pasa? |
| ¿Qué pasa cuando reímos? | What happens when we laugh? |
| What's wrong? | ¿Qué pasa? |
| ¿Qué pasa si hierve el agua? | What happens if water boils? |
| ~~What happens with them?~~ | ¿Qué les pasa? |

**2.**

| | |
|---|---|
| a) You can see fireworks (fuegos artificiales). | What's happening? |
| b) There's someone crying. | What's wrong? |
| c) There are people cheering. | What's happening? |
| d) Someone looks ill. | What's wrong? |

**3.**

| | |
|---|---|
| a) There are people running around with a smile on their face. | What's happening? |
| b) Everyone stands up and starts singing. | What's happening? |
| c) Someone looks green in the face. | "What's wrong?" |

**1.**

| | | |
|---|---|---|
| Will you be here at eight again? | Di que sí. | Yes, I will. |
| Will you see them later? | Di que no. | No, I won't. |
| Will you make some more? | Di que no. | No, I won't. |
| Will you bring them with you? | Di que sí. | Yes, I will. |
| Will you do it for us? | Di que sí. | Yes, I will. |

**2.**

| | | |
|---|---|---|
| ¿Se va él? | Is he leaving? | No, he isn't. |
| ¿Me llamas luego? | Will you call me later? | Yes, I will. |
| ¿Cenas conmigo mañana? | Will you have dinner with me tomorrow? | No, I won't. |

| ¿Vienen el domingo? | *Are they coming on Sunday?* | Yes, they are. |
| ¿Duermes aquí esta noche? | *Are you sleeping here tonight?* | No, I'm not. |

**3.** Queda implícito *"I'll"*, *"I will"*.

## Got it? 3

**TRADUCE:** Does it rain here in the summer?
**CORRIGE:** Why is Lenny upset? What's wrong with him?
**TRADUCE:** What are you thinking about?
**FORMULA LA PREGUNTA PARA ESTA RESPUESTA:** What time do you usually go to bed?
**CORRIGE:** This class finishes at half past nine.
**TRADUCE:** I'll send it to you on Wednesday.
**DILO EN PRESENTE SIMPLE Y CORRIGE:** She goes to school from Monday to Friday.
**DILO EN NEGATIVO:** Don't think about it.
**TRADUCE:** I'm leaving!
**CORRIGE:** I can see the hospital, but where's the church?
**TRADUCE:** What do you think?
**DILO EN PRESENTE SIMPLE, CON *"he"* DE SUJETO:** He does what he has to do.
**CORRIGE:** They'll finish / They're finishing tomorrow.
**TRADUCE:** What's wrong?
**CORRIGE:** She's always thinking about the same thing.
**CORRIGE:** He doesn't know.
**TRADUCE:** How do you usually get / go to church?
**TRADUCE:** We'll talk later.
**CORRIGE:** Are you OK? What's wrong?
**DILO EN PRESENTE SIMPLE, CON *"he"* DE SUJETO:** He does it his way.

## error 16

**1.**

| I've been working for 6 years. | It's 2010. | *I've been working since 2004.* |
| I've been driving for 2 hours. | It's 5 o'clock. | *I've been driving since 3 o'clock* |
| He's been talking since 10. | It's 11 o'clock. | *He's been talking for an hour.* |

| They've been partying for 2 days. | It's Monday. | They've been partying since Saturday. |
| It's been snowing since Tuesday. | It's Thursday. | It's been snowing for 2 days. |

**2.**

| She's been trying **SINCE** May. |
| We've been negotiating **FOR** weeks. |
| The cake's been baking **FOR** twenty minutes. |
| I've been living in Spain **FOR** thirty-five years. |
| You've been saying that **SINCE** day one. |
| He's been dancing **FOR** years. |

**3.** • Watching you

  • *"A buckaroo"* es 'un vaquero', en inglés americano informal.

## error 17

**1.**

| a trunk | is not the same as | a train |
| a line | is the same as | a queue |
| an eggplant | is the same as | an aubergine |
| American football | is not the same as | rugby |
| soccer | is the same as | football |

**2.**

| Is one kilogram the same as one pound? | No, one kilogram isn't the same as one pound. |
| Are potato chips in the US the same as in the UK? | No, potato chips in the US aren't the same as in the UK. |
| Is Holland the same as The Netherlands? | Yes, Holland is the same as The Netherlands. |
| Is a cheetah the same as a leopard? | No, a cheetah's not the same as a leopard. |
| Is one mile the same as 1.6 km? | Yes, one mile is the same as 1.6 km. |

## error 18

**1.**

| I'm thirsty. | Shall I get you something to drink? |
| I'm tired. | Shall I make your bed? |
| I'm still hungry. | Shall I bring you some more? |
| I'm busy right now. | Shall I call you some other time? |
| I can't talk to them. | Shall I try to convince them? |

**2.**

There's <u>one</u> here. Shall I open ~~IT~~?

<u>Mike</u> doesn't know. Shall I tell ~~HIM~~?

<u>Alice</u> hasn't seen it. Shall I show ~~HER~~?

These are <u>his</u>. Shall I give ~~THEM~~ to ~~HIM~~?

<u>That's</u> really heavy. Shall I carry ~~IT~~?

**3.** *Shall we dance?*

## error 19

**1.**

Tutankhamun was **18** when he died.

Jesus was **33** when he died.

Billy the Kid was **22** when he died.

John F. Kennedy was **46** when he died.

Jeanne Calment was **122** when she died.

**2.**

You can drive in the US if you are **16**.

You can vote in Brazil if you are **16**.

You can drink in Cyprus if you are **17**.

You can drink in the US if you are **21**.

You can get married in Spain if you are **18**.

## error 20

**1.**

Do you like to listen **TO** jazz?

A lot of people just don't listen **TO** others.

She doesn't listen when he talks.

Listen **TO** that sound. It's beautiful!

I wanted to know if you were listening.

**2.** Todas estas palabras contienen una **"t"** muda.

**3.**

| | | |
|---|---|---|
| I'll listen to the King's speech next year. | EN NEGATIVO | I won't listen to the King's speech next year. |
| He didn't listen to you. | EN AFIRMATIVO | He listened to you. |
| This dog listens to his owner. | EN NEGATIVO | This dog doesn't listen to his owner. |
| They won't listen to us. | EN AFIRMATIVO | They'll listen to us. |
| I listened to the whole presentation. | EN NEGATIVO | I didn't listen to the whole presentation. |

## Got it? 4

**TRADUCE:** I've been living in London for two weeks.
**CORRIGE:** She's been waiting FOR twenty minutes.
**TRADUCE:** This isn't the same as that.
**FORMULA LA PREGUNTA PARA ESTA RESPUESTA:** How old were you?
**CORRIGE:** Shall I open the door?
**TRADUCE:** Are you really seventy-six (years old)?
**DILO EN AFIRMATIVO:** Listen to what he says.
**CORRIGE:** Is European football the same AS American football?
**TRADUCE:** Shall I make the bed?
**CORRIGE:** Billy the Kid was twenty-two years old when he died.
Billy the Kid was twenty-two when he died.
**TRADUCE:** Do you listen to the radio often?

**DILO EN AFIRMATIVO:** He listened to them.
**CORRIGE:** It's been raining FOR ten days!
**TRADUCE:** Shall I call you some other time?
**DILO EN PASADO SIMPLE:** Grandma was ninety-four.
**CORRIGE:** You know the same AS I do.
**TRADUCE:** Shall we dance?
**DILO EN NEGATIVO:** The Queen won't listen to my speech this year.
**TRADUCE:** I've been watching you.
**CORRIGE:** One minute is the same AS sixty seconds.

## error 21

**1.**

| | | |
|---|---|---|
| Can you find your socks? | Di que no. | No, I can't. |
| Can she see us from there? | Di que sí. | Yes, she can. |
| Can you hear that noise? | Di que sí. | Yes, I can. |
| Can he find a job in France? | Di que no. | No, he can't. |
| Can you see them coming? | Di que no. | No, I can't. |
| Can you see who's calling? | Di que sí. | Yes, I can. |

**2.** Todas estas valen: sugar, sure, insurance, reassure, assure, insure, ensure, etc.

**3.**

| | | |
|---|---|---|
| ¿Tu perro te escucha alguna vez? | Does your dog ever listen to you? | No, my dog never listens to me. |
| ¿Me puedes escuchar un segundo? | Can you listen to me for a second? | Yes, I can. |
| ¿Oyes eso? | Can you hear that? | No, I can't. |
| ¿Lo escuchas todos los días? | Do you listen to it every day? | Yes, I do. |
| ¿Oyes lo que están diciendo? | Can you hear what they're saying? | Yes, I can. |
| ¿Están escuchando? | Are they listening? | No, they aren't. |

## error 22

**1.**

| | |
|---|---|
| It means 'tacaño'. | What does "stingy" mean? |
| It means 'centrarse'. | What does "to focus" mean? |
| It means 'con los ojos vendados'. | What does "blindfolded" mean? |
| It means 'dormido'. | What does "asleep" mean? |
| It means 'medios'. | What does "means" mean? |

**2.**

He means nothing to Rachel / <u>her</u>.

Thank you, that means a lot to your mother and me / <u>us</u>.

This job means a lot to Victor and Mary / <u>them</u>.

Those words mean nothing to her husband / <u>him</u>.

**3. Quick!** What does "You mean the world to me" mean?

• You mean a lot to me.

## error 23

**1.**

You weren't with them, <u>were you</u>?

We're still friends, <u>aren't we</u>?

You aren't leaving, <u>are you</u>?

We're not going back there, <u>are we</u>?

My keys were on my desk, <u>weren't they</u>?

**2.**

It's not Monday again, <u>is it</u>?

Nathan's mum's a singer, <u>isn't she</u>?

Your brother wasn't home, <u>was he</u>?

That was a great movie, <u>wasn't it</u>?

Today is Friday, <u>isn't it</u>?

That's not my wife on <u>TV, is it</u>?

**3.**

I'm not in your way, _am I_?
I'm in the right building, _aren't I_?
I'm coming with you, _aren't I_?
I'm not interrupting, _am I_?

## error 24

**1.**

A mile's longer than a kilometer.
The Tower of Pisa is older than the Eiffel Tower.
Dolphins are smarter than penguins.
Hippos are faster than humans.
A melon is sweeter than a lemon.
Male hippos are heavier than female hippos.

**2. a)** Estos comparativos se forman cambiando su "*y*" final por "*-ier*".

  **b)** "*Longer*", porque no se duplica la "*g*" al añadir "*-er*". Los demás, como acaban en consonante – vocal – consonante, duplican esta última al añadirles "*-er*".

**3.**

Syria's richer than Soria. In other words, Soria's poorer than Syria.
Syria's warmer than Soria. In other words, Soria's colder than Syria.
Syria's drier than Soria. In other words, Soria's wetter than Syria.

## error 25

**1.**

| | |
|---|---|
| When's his birthday? | Do you know when his birthday is? |
| What's the date? | Do you know what the date is? |
| How many are there? | Do you know how many there are? |
| Where's my car? | Do you know where my car is? |
| Who's that girl? | Do you know who that girl is? |

**2.** It's a clock.

**3.** It's a map.

## Got it? 5

**CORRIGE:** I can't see you. Where are you?
**CORRIGE:** That's Michael, isn't it?
**TRADUCE:** This street is wider than that one.
**CONVIERTE EN PREGUNTA INDIRECTA:** Do you know what this is?
**CORRIGE:** I'm younger than you.
**TRADUCE:** Your help means a lot to me.
**CORRIGE:** London isn't bigger than New York, is it?
**CONVIERTE EN PREGUNTA INDIRECTA:** Do you know where the cat is?
**TRADUCE:** Can you find it?
**CORRIGE:** You're not serious, are you?
**CONVIERTE EN PREGUNTA INDIRECTA:** Do you know what his name is?
**TRADUCE:** Can you hear the doorbell?
**CORRIGE:** What does it mean?
**CORRIGE:** What does that word mean?
**TRADUCE:** She's a teacher, isn't she?
**CORRIGE:** Can you hear what they're saying?
**TRADUCE:** What does that mean?
**CORRIGE:** Chinese is easier than Japanese.
**CONVIERTE EN PREGUNTA INDIRECTA:** Do you know what time it is?
**CORRIGE:** It was snowing, wasn't it?

## error 26

**1.** • He gave his heart to someone.
   • She gave it away!

## error 27

**1.**

| | | | |
|---|---|---|---|
| spirit | a spirit | space | a space |
| egg | An egg | stomachache | a stomachache |
| helicopter | a helicopter | eye | an eye |
| umbrella | an umbrella | style | a style |
| university | a university | holiday | a holiday |
| uncle | an uncle | honour | an honour |

**3.**

| Angelina Jolie | She's an actress. |
| Norman Foster | He's an architect. |
| Buzz Lightyear | He's an astronaut. |
| Indiana Jones | He's an archaeologist. |
| Veronica Campbell | She's an athlete. |

## error 28

**1.**

| Can you go for a week without saying a word? | Yes, I can / No, I can't go for a week without saying a word. |
| Can you go for a month without having any coffee? | Yes, I can / No, I can't go for a month without having any coffee. |
| Can you go for four days without using a phone? | Yes, I can / No, I can't go for four days without using a phone. |
| Can you go for a month without buying anything? | Yes, I can / No, I can't go for a month without buying anything. |
| Can you go for six days without sleeping? | Yes, I can / No, I can't go for six days without sleeping. |

**2. b)** Ni que decir tiene

**3. c)** Without beating around the bush

## error 29

**1.**

| Diana used to work night shifts. | Diana usually works night shifts. |
| Andrea used to watch the 6 o'clock news. | Andrea usually watches the 6 o'clock news. |
| Darryl usually finishes work before noon. | Darryl used to finish work before noon. |
| George used to call his mum every day. | George usually calls his mum every day. |
| Sally used to eat everything on her plate. | Sally usually eats everything on her plate. |

**3.** Dice que de repente no es ni la mitad del hombre del que era antes.
*"Suddenly, I'm not half the man I used to be"*

## error 30

**1.**

| | |
|---|---|
| Is he used to being alone yet? | No, he's not used to being alone yet. He's still getting used to it. |
| Is he used to walking barefoot yet? | No, he's not used to walking barefoot yet. He's still getting used to it. |
| Is he used to the monkeys yet? | No, he's not used to the monkeys yet. He's still getting used to them. |
| Is he used to the heat yet? | No, he's not used to the heat yet. He's still getting used to it. |

**2.**

| | |
|---|---|
| Suelo hacer la compra los viernes. | I usually do the shopping on Fridays. |
| Antes hacía la compra los viernes. | I used to do the shopping on Fridays. |
| Estoy acostumbrada a hacer la compra los viernes. | I'm used to doing the shopping on Fridays. |
| Me estoy acostumbrando a hacer la compra los viernes. | I'm getting used to doing the shopping on Fridays. |

**3.**

| | |
|---|---|
| Antes cenaba cereales. | I used to have cereal for dinner. |
| Me estoy acostumbrando a cenar cereales. | I'm getting used to having cereal for dinner. |

## Got it? 6

**TRADUCE:** Can you say it without laughing?
**CORRIGE:** We went to a Spanish restaurant.
**TRADUCE:** I usually go to bed at around 11.
**PON EN PASADO SIMPLE:** It was in New York last week.
**CORRIGE:** How can you drive without paying any attention to the road?
**TRADUCE:** It used to rain more often.
**CORRIGE:** What a useful tip!
**PON EN FUTURO CON "WILL":** I won't go to work next week.

**CAMBIA EL SUJETO POR "SHE":** She used to live on an island.
**TRADUCE:** I'm still getting used to working on Sundays.
**CORRIGE:** Are you still getting used to being alone?
**CORRIGE:** My dog's used to eating once a day.
**CORRIGE:** See you next week!
**CORRIGE:** An eye for an eye...
**TRADUCE:** I saw her the other day.
**TRADUCE:** I'm used to seeing them together.
**TRADUCE:** He dropped it without realizing (it).
**CORRIGE:** Did you tell them without thinking about the consequences?
**¿CUÁL ES LA PREGUNTA PARA ESTA RESPUESTA?** What time does Mark usually leave home?
**CORRIGE:** Is that a helicopter?

## error 31

**1.**

| How much money is there in bank account B? | B £5,000,000 | There's five million pounds in bank account B. |
| How much money is there in bank account C? | C $7,000,000 | There's seven million dollars in bank account C. |
| How much money is there in bank account D? | D €3,000,000 | There's three million euros in bank account D. |
| How much money is there in bank account E? | E £8,000,000 | There's eight million pounds in bank account E. |
| How much money is there in bank account F? | F $9,000,000 | There's nine million dollars in bank account F. |

**3.** Bob had 256 million followers in the morning.

## error 32

**3.** *"We'll cross that bridge when we come to it"* significa:

    **a) Nos ocuparemos de eso cuando nos toque**, en sentido figurado y

    **b) Cruzaremos ese puente cuando lleguemos a él**, en sentido literal.

**1.** April, June, September, November.

**2.**

|  | US | UK |
|---|---|---|
| 05 / 10 | It's May 10th. | It's the 5th of October. |
| 07 / 01 | It's July 1st. | It's the 7th of January. |
| 09 / 03 | It's September 3rd. | It's the 9th of March. |
| 04 / 02 | It's April 2nd. | It's the 4th of February. |
| 06 / 08 | It's June 8th. | It's the 6th of August. |

**3.**

Australian people speak English.

Greek people speak Greek.

Portuguese people speak Portuguese.

Chinese people speak Chinese.

Argentinian people speak Spanish.

## error 34

**1.** Todo, menos la comedia.

**3.** Lee la respuesta en voz alta, teniendo en cuenta que *"fungi"* (*'hongo'*) suena **/fangai/**, más o menos como *"fun guy"*.

It's always a good idea to bring a mushroom to a party because he's a fungi to be with.

Ok, it's not that funny...

## error 35

**1.**

**Sally:** Can you explain <u>TO</u> me what you did just now?

**Harry:** I'd be happy <u>TO</u> explain it <u>TO</u> you if I knew what I'm supposed to explain.

**Sally:** All I want you <u>TO</u> explain <u>TO</u> me is what you just did, Harry. What was that?!

**Harry:** Well, I can explain <u>TO</u> you how I sneezed. Is that what you want me <u>TO</u> explain?

**Sally:**     No, I don't want you **TO** explain **TO** me how you sneezed! Forget it...

**2.**

| to Stanley | *Can you explain to him how it's done?* |
|---|---|
| to Maggie | *Can you explain to her how it's done?* |
| to Dave and Jennifer | *Can you explain to them how it's done?* |
| to you | *Can you explain to me how it's done?* |
| to Mel, to Greg and to you | *Can you explain to us how it's done?* |

**3. b)** Could you please run that by me again?

## Got it? 7

**CORRIGE:** He has thirty-five million.
**TRADUCE:** Javier usually watches movies in English on Saturdays and Sundays.
**TRADUCE:** Do you know any funny jokes?
**CORRIGE:** Where will we go when it starts to rain?
**WHAT'S THE DATE?** It's October 11th.
**TRADUCE:** What will happen when you leave?
**CORRIGE:** Can you explain to me how this works?
**TRADUCE:** The party last night was a lot of fun.
**CORRIGE:** There is two million pounds in her bank account.
**WHAT'S THE DATE?** It's the 10th of November.
**CORRIGE:** That's very funny!
              That's a lot of fun! / That was so much fun!
**TRADUCE:** What will Bill think when he sees it?
**CORRIGE:** Do you have German class on Mondays?
**TRADUCE:** Who has four million friends?
**CORRIGE:** No one explained to us how to do it.
**TRADUCE:** Only an expert could explain it to you.
**TRADUCE:** I'll let you know when we're ready.
**CORRIGE:** I wish somebody had explained to her what the problem was.
**CORRIGE:** Pilar is so funny!
              Pilar is so much fun!
**TRADUCE:** I have seven million reasons.

## error 36

**1.**

| | |
|---|---|
| interesting (lo menos interesante) | the least interesting thing |
| strange (lo más extraño) | the strangest thing |
| boring (lo más aburrido) | the most boring thing |
| sweet (lo más dulce) | the sweetest thing |
| appealing (lo menos atractivo) | the least appealing thing |

**2.**

| | |
|---|---|
| What's the most interesting thing you've ever done? | X is probably the most interesting thing I've ever done. |
| What's the most dangerous thing you've ever done? | X is probably the most dangerous thing I've ever done. |
| What's the funniest thing you've ever heard? | X is probably the funniest thing I've ever heard. |
| What's the cutest thing you've ever seen? | X is probably the cutest thing I've ever seen. |

**3.** Al final de la canción dice: ... *But to cry in front of you, that's the worst thing I could do...* Poor girl!

## error 37

**1.**

| | | |
|---|---|---|
| His aunt asks a lot of questions. | Su tío también. | His uncle asks a lot of questions too. |
| Cory's son asks a lot of questions. | La hija de June también. | June's daughter asks a lot of questions too. |
| My niece asks a lot of questions. | Tu sobrina también. | My niece asks a lot of questions too. |
| Your teacher asks a lot of questions. | Nuestro profesor también. | Our teacher asks a lot of questions too. |

**2.**

| | |
|---|---|
| How many questions has he asked today? (6) | He's asked six questions today. |

| How many questions did she ask last month? (5) | She asked five questions last month. |
| How many questions have you asked this month? (9) | I've asked nine questions this month. |
| How many questions did he ask last night? (13) | He asked thirteen questions last night. |

## error 38

1. **c)** This is apparently false.

2. **c)** the real you

3. Tom: I want the truth!
   Jack: You can't handle the truth!

4. Truman

## error 39

**1.**

| My legs are tired. What about yours? | Las tuyas no. | Mine aren't. |
| My hair is wet. What about yours? | El tuyo también. | Mine is wet too. |
| My cheeks are red. What about yours? | Las tuyas también. | Mine are red too. |
| My stomach is rumbling. What about yours? | El tuyo no. | Mine isn't. |

**2.**

| I like Mike, but I like her husband better. | I prefer hers. |
| I like these shoes, but I like his shoes better. | I prefer his. |
| I like your house, but I like my house better. | I prefer mine. |
| I like his friends, but I like our friends better. | I prefer ours. |
| I like our table, but I like their table better. | I prefer theirs. |

3. **a)** My friend lives in Ottawa.
   Aquí puede ser que el hablante sólo tenga este amigo.

**b)** A friend of mine lives in Ottawa.

Aquí habla de un amigo suyo, uno de ellos, así que se entiende que tiene más.

## error 40

**1.**

There's ~~too much~~ sugar in this cake.

Are there ~~too many~~ people in the world?

Are you sure there isn't ~~too much~~ chocolate?

There are ~~too many~~ pairs of shoes under your bed.

Is there ~~too much~~ sand in the desert?

There aren't ~~too many~~ plates on the table, are there?

There's ~~too much~~ pollution in this city.

**2.**

You have ~~too much~~ free time on your hands!

I think it's ~~too~~ hot here in the summer.

Don't do it! It's ~~too~~ dangerous!

I can't, sorry. I have ~~too much~~ work to do.

She's ~~too~~ short for basketball and ~~too~~ tall for ballet.

I'm not ~~too~~ hungry, thanks. I had ~~too much~~ to eat this morning.

Don't try to do ~~too many~~ things at the same time!

**3. b)** ¡Qué pena!

## PRONUNCIATION SPECIAL 4 — Part I

| | |
|---|---|
| Every day I stop at the gas station. | And last night I stopped /ssstopttt/ at the gas station too. |
| I usually work until six. | And last week I worked /weekttt/ until six too. |
| He always drops something. | And last Monday he dropped /dropttt/ something too. |
| I bake a cake every weekend. | And last weekend I baked /béikttt/ a cake too. |

| They develop a new process every month. | And last month ~~they developed /divvvékptt/ a new process too~~. |
| Alice walks home every day. | And yesterday ~~she walked /nokttt/ home too~~. |

## Got it? 8

**TRADUCE:** Those people ask a lot of questions.
**TRADUCE:** Which one's mine?
**CORRIGE:** You know it's true.
**CORRIGE:** The good thing is that there's a holiday next week!
**TRADUCE:** Is that true?
**TRADUCE:** That's too bad!
**CORRIGE:** You ask too many questions.
**TRADUCE:** Mine are a little bit bigger.
**CORRIGE:** The funny thing is that I can't remember your name!
**TRADUCE:** It's too dangerous.
**TRADUCE:** Are mine ready?
**TRADUCE:** That one's yours and this one's mine.
**TRADUCE:** I asked you a question.
**CORRIGE:** It's too cold outside.
**CORRIGE:** It's a true story.
**TRADUCE:** What's the sweetest thing you've eaten?
**CORRIGE:** You have too much money.
**CORRIGE:** Can I ask you a question?
**CORRIGE:** What's the most complicated thing you've ever done?
**TRADUCE:** It's the truth.

## error 41

**1.**

Is there _enough_ milk _____ at home?

We didn't plant _enough_ trees _____ last year.

Is this _____ good _enough_ for you?

Are you _____ strong _enough_ to carry the sofa?

It's _____ warm _enough_ to go swimming.

Are there _enough_ fish _____ in the sea?

**2.**

| The ceiling's too high or maybe... | (tall) | I'm not tall enough. |
| This is too complicated or maybe... | (smart) | I'm not smart enough. |
| That car is too expensive or maybe... | (rich) | I'm not rich enough. |
| The audience was too serious or maybe... | (funny) | I'm not funny enough. |

**3.** Donna Summer

## error 42

**1.**

When did you ~~tell~~ her?
No one ~~told~~ me about that.
I didn't ~~say~~ anything to anyone.
~~tell~~ me something.
What did you just ~~say~~?
Why didn't you ~~say~~ anything?
~~tell~~ me more.

**2.** John Travolta

**3.** Beyoncé, con su *"Say my name, say my name"*.

Recuerda: *"We normally say things* (my name, en este caso) *to people* (si alguien nos escucha), *and we tell people things"*.

## error 43

**1.**

| Someone's in the way. | (get out of the way) | Would you mind getting out of the way? |
| Someone's double parked. | (park somewhere else) | Would you mind parking somewhere else? |
| Someone's dog's attacking you. | (hold dog back) | Would you mind holding your dog back? |

| Someone's eating your food? | (not eat your food) | Would you mind not eating my food? |
| Someone's shouting at you. | (not shout at you) | Would you mind not shouting at me? |
| Someone's using your phone. | (not use your phone) | Would you mind not using my phone? |

**2.**

He wouldn't mind driving with us, would he?

You wouldn't mind going with them, would you?

She doesn't mind living here, does she?

**3.**

| la casa? | Would you mind minding my house? |
| a los niños? | Would you mind minding my children? |
| el sitio (asiento)? | Would you mind minding my seat? |

## error 44

**1.**

| We're in a hurry, we have to go now. | We must go now. |
| You have to be strong. | You must be strong. |
| It has to work! | It must work! |
| It has to be finished today. | It must be finished today. |
| You have to understand. | You must understand. |

**2.**

| I must do the dishes today. | I had to do the dishes yesterday. |
| I must do the shopping today. | I had to do the shopping last week. |
| I must make dinner tonight. | I had to make dinner last night. |
| I must make my bed tomorrow. | I had to make my bed on Friday. |
| I must call my parents this weekend. | I had to call my parents last weekend. |

**3.** A *"must"* is something you must do and a *"must-have"* is something you must have.

**1.**

**satisfied / frustrated**

The first one doesn't look ~~satisfied~~ he looks ~~frustrated~~.

The second one doesn't ~~look frustrated~~, ~~he looks satisfied~~.

**happy / mad**

The first one doesn't ~~look happy, he looks mad~~.

The second one doesn't ~~look mad, he looks happy~~.

**2.**

| | |
|---|---|
| Does he look active? | Yes, he looks very active. |
| Does he look fit? | Yes, he looks very fit. |
| Does he look sad? | No, he doesn't look sad. |
| Does he look human? | No, he doesn't look human. |

**3.** **a)** Who do I look like? Esto no, porque quiere decir '**¿A quién me parezco?**'

**b)** **How do I look? Do I look ok?** ¡Esto sí! Significa '¿Cómo estoy? ¿Estoy bien?'

**c)** How do I look like? Esto no, porque no es inglés.

**CORRIGE:** I'm not tall enough to reach.
**TRADUCE:** Would you mind waiting a minute?
**CORRIGE:** She told me (that) you were here.
**TRADUCE:** Do we have enough money?
**CORRIGE:** She looks very happy in her new shoes.
**TRADUCE:** It must be true.
**CORRIGE:** Would you mind getting out of the way?
**TRADUCE:** Tell her (that) I need her.
**CORRIGE:** I must try to study harder.
**TRADUCE:** You look a lot better today.
**CORRIGE:** I don't mind waiting.
**TRADUCE:** I told you.
**CORRIGE:** You must pay for your own food.

**TRADUCE:** There's not enough room.
**CORRIGE:** He looks a bit frustrated.
**TRADUCE:** Say something.
**CORRIGE:** I'm not strong enough.
**TRADUCE:** I don't mind getting up early.
**CORRIGE:** You look sad. What's wrong?
**TRADUCE:** Debe de ser la Luna. It must be the Moon.

## error 46

**1.**

| ¡Somos nosotras! | It's us! |
| ¡Somos Mercedes y Javier! | It's Mercedes and Javier! |
| ¡Es tu vecino! | It's your neighbour! |
| ¡Son tus padres! | It's your parents! |
| ¡Soy Rita! | It's Rita! |

**3. b)** Can I have your number?

Con las opciones a) y c) lo que estás pidiendo es el teléfono de la persona, literalmente.

## error 47

**1.**

Someone's phone rang ~~during~~ the meeting.

Claire lived in Istambul ~~for~~ four months.

You can't leave the room ~~during~~ the exam.

Please, don't ask any questions ~~during~~ the speech.

Run ~~for~~ ten minutes and then walk ~~for~~ another ten.

**2.**

I'm sleeping for a week.
She'll sleep for a month.
We slept for a couple of hours.
I'm going skiing for a week.
She'll go skiing for a month.
We went skiing for a couple of hours.

**3.** • Those people have been waiting for two hours.

   • Those people have been waiting since seven.

   ¿No te ha hecho falta repasar los errores 7 y 16? Good job!

## error 48

**1.**

| | | |
|---|---|---|
| **a)** Like a Rolling Stone | Madonna | **b)** |
| **b)** Like a Virgin | Madonna | **d)** |
| **c)** Like a fool | Bob Dylan | **a)** |
| **d)** Like a Prayer | Nelly Furtado | **e)** |
| **e)** Like a bird | Keira Knightley | **c)** |

**2.**

Your friend is really nice, _like_ you.

Here's the money, _as_ we agreed.

Everything's there, _as_ you can see.

Your friend is really smart, just _like_ you.

He doesn't like working from home _like_ me.

Max talks just _like_ his uncle Jason.

**3.** *"As"* (pronunciado con una *"s"* vibrada, como un zumbido) es **'como'** y *"ass"* (pronunciado con una *"s"* normal) es una forma de referirse al **'trasero'** de alguien.

## error 49

**1.** Lo que Stevie cantaba era:

   **I just called to say I love you** (y no "for to say I love you")

   **I just called to say how much I care** (no "for to say how much I care")

**2.**

Superman _was born to save people_.

Shakespeare _was born to write_.

Mireia Belmonte _was born to swim_.

Picasso was born to paint.

Coco Chanel was born to design clothes.

Amy Winehouse was born to sing.

**3.** ¿I'm here, here, to loooove you
I'm here, here, to adooore you
I'm here, here, to call you
My loooooove, my loooooove!

## error 50

**1.**

| | |
|---|---|
| I don't like to fly. | I don't like flying. |
| Does he like playing hockey? | Does he like to play hockey? |
| Do you like to speak in front of an audience? | Do you like speaking in front of an audience? |
| They don't like studying very much. | They don't like to study very much. |
| I like to watch people. | I like watching people. |

**2.**

| | |
|---|---|
| Me gusta. (Dicho de un cuadro) | I like it. |
| Nos gusta. (Dicho de una casa) | We like it. |
| Nos gusta. (Dicho de una actriz) | We like her. |
| Te gustará. (Dicho de un libro) | You'll like it. |
| No me gusta. (Dicho de una bebida) | I don't like it. |
| ¿Te gustan? (Dicho de unos zapatos) | Do you like them? |
| ¿No te gusta? (Dicho de un puré) | Don't you like it? |
| No me gusta. (Dicho de un cantante) | I don't like him. |

**3.** /ailaiktttiraló/ es nuestra transcripción fonética particular de *"I liked it a lot"*, 'Me gustó mucho'.

## PRONUNCIATION SPECIAL 5 | Part II

| | |
|---|---|
| /ailcoliutumórou/ | I'll call you tomorrow. |
| /duiuagrí?/ | Do you agree? |
| /ittttsavvverissspeshhholokeishhhon/ | It's a very special occasion. |

| | |
|---|---|
| /uotttsrong?/ | What's wrong? |
| /mainsraithhhía/ | Mine's right here. |
| /aissliipinmaipichámas/ | I sleep in my pajamas. |
| /duiuhhhavvvchumilieniurous/ | Do you have two million euros? |
| /itttsondzaíntane/ | It's on the internet. |
| /shhhiásktttiueicueschon/ | She asked you a question. |
| /píipolaikkksiraló/ | ¡Aquí está el error! Dice: People likes it a lot. Pero lo correcto sería: People like it a lot. |
| /itttschrú/ | It's true. |
| /áriussstrongináfff/ | Are you strong enough? |
| /zénkiuforíiding!/ | Thank you for reading! |

## Got it? 10

**PON EN PASADO SIMPLE, NEGATIVO:** It wasn't Raymond and Gareth.

**PON EN AFIRMATIVO Y CORRIGE:** I need some money to pay for the coffees.

**CONVIERTE EN PREGUNTA Y CORRIGE:** Can you fly like a bird?

**TRADUCE:** Forrest ran like the wind for two days.

**TRADUCE:** I like it.

**TRADUCE:** It's María. Is Robert there?
        This is María. Is Robert there?

**CORRIGE:** Did you go to Paris to see the Eiffel Tower?

**PON EN PASADO SIMPLE AFIRMATIVO Y CORRIGE:** Fay walked for five hours.

**CORRIGE:** My neighbour drives like a mad man.

**TRADUCE:** Manuel is allergic to peanuts, like you.

**CORRIGE:** (on the phone) Hello, it's Daniel. Is Ernie home?
        (on the phone) Hello, this is Daniel. Is Ernie home?

**TRADUCE:** Do you like it?

**CORRIGE:** We're here to see the apartment.

**TRADUCE:** They don't like it.

**CORRIGE:** I studied for eleven hours last week.

**TRADUCE:** (DING-DONG) It's your parents!

**CORRIGE:** David is not Scottish; he's Spanish, like me.

**TRADUCE:** I don't like them.

**CORRIGE:** Manuela was born to be an architect.

**PONLO EN PRESENTE SIMPLE Y CORRIGE:** Does she sleep for eight hours?

**NOTES**